POESÍA
BARROCA

D1502543

McGraw-Hill

CLÁSICOS
LITERARIOS
COLECCIÓN DIDÁCTICA

POESÍA BARROCA

Antología temática

—— Góngora, Lope y Quevedo ——

Edición preparada por
Javier Azpeitia

CLÁSICOS LITERARIOS
COLECCIÓN DIDÁCTICA

MADRID • BUENOS AIRES • CARACAS • GUATEMALA • LISBOA • MÉXICO
NUEVA YORK • PANAMÁ • SAN JUAN • SANTAFÉ DE BOGOTÁ • SANTIAGO • SÃO PAULO
AUCKLAND • HAMBURGO • LONDRES • MILÁN • MONTREAL • NUEVA DELHI
PARÍS • SAN FRANCISCO • SIDNEY • SINGAPUR • ST. LOUIS • TOKIO • TORONTO

POESÍA BARROCA

DERECHOS RESERVADOS © 1996, respecto a la primera edi-
ción en español, por McGRAW-HILL/INTERAMERICANA
DE ESPAÑA, S. A.
Edificio Valrealty, 1.ª planta
Basauri, 17
28023 Aravaca (Madrid)

ISBN: 84-481-0621-0
Depósito legal: M. 22.279-1996

Editor: José M. Gómez-Luque
Coordinador literario: Gerardo Gonzalo
Diseño de interiores y cubierta: Estudio F. Piñuela
Compuesto en: MonoComp, S. A.
Impreso en: COBRA, S. L.

IMPRESO EN ESPAÑA - PRINTED IN SPAIN

SUMARIO

LA POESÍA BARROCA EN SU TIEMPO

*Todo el arte barroco indica la sumisión
gesticulante del individuo al marco
del orden social.*

J. A. MARAVALL

POR lo general, llamamos *Barroco* al período histórico y estético europeo que va desde el final del Renacimiento hasta el principio del Neoclasicismo, es decir, una época que más o menos coincide con el siglo XVII, sacudida por la crisis social y económica, el derrumbamiento de los valores y del idealismo renacentistas y el descenso paulatino pero imparable del poder español y de la influencia de nuestra cultura en Europa. Es también, y ello resulta menos paradójico de lo que podría imaginarse, un tiempo de esplendor artístico y literario para España. En las páginas siguientes vamos a intentar comprender lo que supuso aquella época, acercándonos en lo posible a la conflictiva mentalidad que lo caracterizó. Con ello, quizá, podremos conocer en qué medida los genios de tres hombres barrocos como Góngora, Lope y Quevedo, tan aparentemente distintos, no son sino tres expresiones (aunque orgullosamente individuales) de una misma inquietud vital y artística.

En un sentido más general, se ha utilizado el término *Barroco* para nombrar todas las épocas que han sucedido a los períodos estéticos e ideológicos considerados como clásicos, es decir, no sólo a este siglo XVII, precedido por la divulgación del ideario humanista, sino también, por ejemplo, al período alejandrino, que sucedió a la época clásica griega; o al comienzo de nuestra era, en la Roma imperial, una vez concluida la floreciente época del emperador Augusto; o al desbordante romanticismo, que siguió al neoclasicismo, etc. Desde este punto de vista, toda época barroca señala el final de otra en la que el hombre, inmerso en una sociedad que podríamos llamar estable y floreciente, ha creído encontrar cierta forma de equilibrio artístico, político y económico que se refleja en su pensamiento y en sus obras armoniosas, concebidas bajo la inspiración de la gran obra de la naturaleza. Así pues, lo barroco sería el agotamiento de esta concepción del mundo y el paso a una vivencia social agitada; el tiempo del hombre en desacuerdo con su posición, en conflicto consigo mismo, con su obra, con su modo de vivir, con el poder bajo el que se organiza su sociedad.

Claro está que ésa es una visión demasiado general de la historia del hombre para no resultar idealizada; pero, como veremos al estudiar la obra de estos tres poetas, algo de todo ello hay, al menos, en la época que ellos vivieron. Y, sobre todo, es quizá desde ese punto de vista integrador desde donde podremos comprender más fácilmente la conexión que algunos pensadores establecen entre la época barroca y nuestra propia época. De un modo semejante a como ocurrió en el Barroco, en el siglo XX el angustioso conflicto del individuo con su entorno social ha provocado también una considerable tensión social, expresada en el terreno del arte y la literatura por medio de unas innovadoras teorías y producciones, que se hallan en constante renovación por las exigencias del mercado de consumo y opuestas simultánea o sucesivamente entre sí. Todo ello nos parece, y quizá no sea cierto, excesivamente nuevo, casi exclusivo de nuestro tiempo, al borde del siglo XXI.

La tensión social

Tal vez lo más significativo del siglo XVII es la llamada tensión social, y no sólo en España. Algunos estudiosos han querido comparar la organización social de la época con la feudal: una mayoría de indigentes abrumada por una minoría de privilegiados. Pero hay ciertos elementos en la conformación de la sociedad barroca que la alejan del sistema feudal. Por un lado tenemos las figuras, tan características como complementarias, del comerciante enriquecido y del noble arruinado: dos ejemplos evidentes de desajuste social, que muestran a las claras una cierta movilidad en la posición de las personas, por encima de las rígidas formas de herencia social que pervivían y pervivirán aún durante mucho tiempo.

En realidad, nos hallamos ante una ampliación del concepto de poder: nobles de sangre y eclesiásticos, sí, pero también burócratas de posición elevada y terratenientes y comerciantes enriquecidos, con una enorme cantidad de servidores. La monarquía absoluta es el soporte de esta situación de la nobleza, que ve aumentados sus privilegios y se mantiene principalmente gracias a las propiedades territoriales y su explotación agraria. Los nobles se dedican a arruinar a los pequeños terratenientes y a los municipios, y a comprarles después los terrenos casi regalados. Para ello, alteran el coste de los alimentos a su conveniencia: compran a bajo precio y los acumulan, para después venderlos al alza. Eso provoca un continuo éxodo de la población, de los propietarios arruinados, que abandonan el campo para instalarse en las ciudades, en busca de trabajo como servidores. Y luego, puesto que las fortunas amasadas por los nobles no se invierten en nada productivo, se suceden las crisis económicas (los trastornos monetarios, la inseguridad de crédito) y con ellas las hambrunas y, muy en consonancia, las epidemias y el aumento de la mortandad. Las ciudades se llenan de menesterosos.

Y entre los indigentes y los privilegiados, la gente llana, los hidalgos y los pequeños nobles, presas del temor constante a pasar a la posición de pobreza absoluta que les amenaza, buscando de continuo la forma de acceder a algún privilegio, por medio de la Iglesia, a la sombra de algún poderoso, escalando angustiosamente dentro de los puestos administrativos... La situación resultante es de una insatisfacción reconcentrada. La protesta de quienes van cayendo es continua: pasquines, panfletos, herejías escandalosas que parecen producto de la locura, estallidos de revueltas callejeras improvisadas..., pero el caos amenazante se sortea, las revueltas se atajan rápidamente (por bandas organizadas de nobles, al modo medieval), y la tensión se mantiene (y continúa aumentando) puesto que es esa propia tensión la que hace que los privilegios perduren: los nobles se dedicaban a favorecer a unos y a despreciar a otros, a prometer y no acabar de dar. Es una forma peligrosa, pero efectiva, de comprometer a los menos favorecidos con el sistema, sin dejar que muera su esperanza, pero sin acabar nunca de satisfacerla.

Innovación y conservadurismo

Así pues, se trata de una época en la que conviven dos tendencias sociales: un impulso de innovación, de renovación, de cambio, casi prerrevolucionario, y otro contradictorio, que busca la conservación de los valores, la permanencia del orden, el mantenimiento de la precaria estabilidad. Cuando ambos se dan simultáneamente en una misma persona, tenemos ya al hombre barroco por excelencia. Las obras en las que Quevedo expresó más decididamente su pensamiento poseen, a veces casi en cada párrafo, esa unión tan sorprendente de dos elementos inconciliables. Por eso, escogiendo con cuidado sus frases, se pueden tomar abundantes ejemplos para demostrar, como se ha hecho en muy distintas épocas, que era un hereje, que era un santo, que era un humanista, que era un charlatán, que sabía griego, que no lo sabía en absoluto, que era un chiflado o que era un filósofo.

No resultará entonces extraño que en la época sean tan comunes las bochornosas adulaciones como los descarnados insultos. Hay que estar junto a la nobleza para disfrutar de sus privilegios, y cada uno buscará su particular forma de acercarse, ofreciendo a cambio cualquier cosa útil, satisfaciendo los caprichos de los poderosos para lograr de ellos una sonrisa, un abrazo, una palmada en la espalda. Las biografías de los artistas y los escritores de la época nos dan múltiples anécdotas ilustrativas al respecto: exhibían su ingenio y su maestría con el principal fin de alcanzar un puesto en la corte. Velázquez, antes que pintor, era pretendiente (o postulante, como se decía también) a un cargo, a una dignidad, a una renta para vivir. Como pretendientes fueron Lope y Quevedo, y hasta Góngora, que había nacido en el seno de una familia noble y adinerada.

Los últimos Austrias y España

El Barroco, como decíamos, es la época de la decadencia española. Abarca los últimos años del reinado de Felipe II, los reinados completos de Felipe III y Felipe IV y el principio del reinado de Carlos II. Quevedo, el último en morir de los tres poetas que aparecen en esta antología, lo hizo durante el reinado de Felipe IV, poco después de que cayera el conde duque de Olivares, valido de aquel rey. Hasta ese momento llegará nuestro breve análisis.

Felipe II concluyó su reinado dejando a España al borde de la ruina: inflación, exceso de impuestos y hambre, provocados principalmente por la falta de productividad y por el gasto incalculable que suponía mantener la guerra: en Flandes y en Francia, para conservar las tierras del imperio europeo; en el Mediterráneo, para detener la amenaza del imperio otomano, y en el Atlántico, contra Inglaterra, para defender los intereses en América y dejar el camino libre para las naves que traían la riqueza obtenida allí.

Cuando Felipe III ocupó el trono (1598), el panorama no era muy prometedor. A las calamidades habidas vinieron pronto a añadirse muchas otras, que concluyeron en una importante despoblación del país: por las terribles oleadas de peste bubónica, por la huida de los agricultores del campo, con destino a las ciudades o a las Indias, y por la expulsión de los moriscos, quienes, además, constituían un alto tanto por ciento de la población productiva de España.

Felipe III demostró pronto ser tan inepto para gobernar el imperio como había predicho su padre. Para colmo, delegó el gobierno en un amigo íntimo, el duque de Lerma, al que le interesaba, mucho más que gobernar, enriquecerse y asegurar su poder, así que se empleó a fondo en procurar ambas cosas, con un éxito indudable.

Fue el hijo mayor de Lerma, el duque de Uceda (uno de los más favorecidos por él), quien logró finalmente su caída, en 1618. Lerma, con el fin de evitar males mayores, movió sus influencias con el Papa y logró que se le nombrara cardenal. Pero para darnos cuenta de las intrigas que se vivían en la corte, en todos los niveles, recordaremos que su hombre de confianza, el privado Rodrigo Calderón (que, por cierto, era a su vez protector de Góngora), no consiguió librarse tan fácilmente: fue encerrado y torturado hasta la muerte. Y es que el reinado de Felipe III, como después el de su hijo Felipe IV, había favorecido la creación de facciones entre los nobles, con sus camarillas, sus envidias y sus ambiciones de poder.

Felipe III murió prematuramente (1621) y le sucedió su hijo Felipe IV, que ascendió al trono con sólo dieciséis años y dominado por su mentor, el conde duque de Olivares. A lo largo de su reinado, el nuevo rey hizo algunos esporádicos esfuerzos por intervenir en el gobierno, que casi siempre abandonaba para entretenerse con sus placeres privados: los toros, los deportes, las exhibiciones militares y, sobre todo, a juzgar por las crónicas escandalizadas de la época, las mujeres. Mientras tanto, Olivares, aunque con mayor ambición (y menor codicia) que Lerma, no fue capaz de solucionar los males de España, metida pronto de lleno en la guerra europea de los Treinta Años, sacudida por las rebeliones de Cataluña y Portugal, y viendo cómo poco a poco el centro de poder y riqueza del imperio se desplazaba hacia América, al tiempo que menguaban considerablemente las riquezas venidas de allí, que en tantos momentos críticos habían dado respiro a la maltrecha economía. Cuando la situación era insostenible, Olivares dimitió y se retiró de la corte, para morir un poco antes que Quevedo (1645).

La corte

«Sólo Madrid es corte.» La frase, convertida en dicho popular, sirve para imaginarse la altanería con que en la época veían a su villa los madrileños, comparándola con las otras cortes europeas. Madrid era por entonces una ciudad en evidente expansión: un enjambre de unos 100.000 habitantes. Había sido convertida en corte, en 1561, por decisión de Felipe II (que se trasladó a ella para vigilar de cerca la construcción de su amado monasterio en El Escorial), y desde entonces sólo dejaría de serlo durante un breve período (de 1601 a 1605), años durante los cuales Felipe III decidió llevarla a Valladolid. La corte fue el lugar en donde confluyeron Góngora, Lope y Quevedo, y varios de sus poemas giran en torno a ella. Analizar cómo era y las costumbres de sus habitantes puede darnos una buena idea del ambiente en que se escribió la literatura de aquellos tiempos y, a la vez, de la conformación de las ciudades españolas y de las costumbres sociales de sus habitantes.

El aspecto de la villa

Varias particularidades daban a la ciudad un aspecto sorprendente para el visitante. Las casas, por ejemplo, no alcanzaban por lo general más de un piso: casas «a la malicia», se llamaban, y Góngora deja constancia de ello en un poema sobre la corte (n.° V, 8): «casas y pechos, todo a la malicia». Y es que Felipe II había impuesto que todas las de dos o más pisos estuvieran permanentemente a disposición del Rey, que en cualquier momento podría utilizar parte de ellas para albergar a su personal administrativo o a sus invitados. Así que los taimados ciudadanos preferían librarse de esa posible obligación al construir su casa, y por ello pronto la antigua muralla y las puertas fortificadas fueron cayendo en distintos puntos ante el avance del terreno urbanizado, como nos recuerda Quevedo en un soneto (VI, 14): «Miré los muros de la patria mía / si un tiempo fuertes, ya desmoronados».

Caminar por el lodo

Otra cuestión era el suelo de las calles. Al parecer sólo estaban empedradas las pocas por las que acostumbraba a pasar la carroza real. Hoy muchos considerarán producto de la imaginación barroca el relato de la muerte de un niño ahogado en un charco frente al Alcázar; pero son demasiados los testimonios que nos hablan del permanente lodazal en que se convertía la villa durante el invierno. Un lodazal de un barro, por cierto, algo especial, a juzgar por los tan constantes como inútiles intentos de limitar (puesto que prohibir parecía imposible) el horario para el *vaciado* o arrojo de la basura y los excrementos («perejil y hierbabuena», dirá Góngora en el poema contra la corte, n.° V, 8) desde la ventana de las casas a la calle, al eufemístico grito de «¡Agua va!». El hedor de todos estos estiércoles se mezclaba con el de los cadáveres de animales domésticos, que los ciudadanos se entretenían en contar durante sus paseos, o con el que despedían a su paso los carros (venidos lentamente desde la lejana costa) que abastecían de pescado al mercado de la villa. Tanto, que el aire de Madrid acabó por tener fama de saludable, puesto que, según una teoría médica muy extendida en la época, ese ambiente de podredumbre prevenía a quien lo respiraba contra todo tipo de enfermedades.

La curiosa fauna de Madrid

Pero lo más sorprendente para el visitante llegado de la aldea debía de ser la curiosa fauna que poblaba las calles de Madrid. Mientras los vendedores ambulantes, muchos de ellos extranjeros, anunciaban a gritos sus chucherías, los afortunados nobles o los comerciantes enriquecidos, que salían a pasear en sus carros de hasta seis mulas, formando considerables embotellamientos en las calles principales, eran observados con atenta envidia por una variada gama de viandantes *catarriberas* (así los llama Góngora, en el poema antes mencionado), es decir, personas que se pasaban el día buscando la forma de llevarse algo a la boca: chulos, golfillos, timadores, celestinas, mendigos, busconas, licenciados, desertores..., siempre atentos al menor descuido para robarle la capa o vaciarle la faltriquera a los incautos. Y, entre ambos extremos, alternando los días de riqueza y los de miseria, la gente llana: las familias de posición mediana, los nobles venidos a menos o los recién llegados empeñados en medrar, a la espera siempre de una pensión, de la resolución de un juicio interminable, de un puesto administrativo prometido por algún poderoso...

Madrid era, entonces, un lugar de contrastes admirables, a tono con el arte y la mentalidad de su tiempo: extenso y abigarrado, lujoso y sucio, bullicioso y al tiempo desolador. Un lugar que se ufanaba de no producir nada (lo que le daba nobleza, puesto que ser noble significaba, entre otras cosas, no trabajar) y de abastecerse siempre de las cosas realizadas en otros sitios, cuanto más lejanos, mejor. «Sólo Madrid», repetían unos y otros, «es corte».

Los mentideros

Los puntos de reunión más concurridos eran los mentideros, atractivos centros de chismorreo y discusión en los que se formaban diariamente corrillos espontáneos de avisados hablando y curiosos con la oreja atenta. Los habitantes de la corte podían elegir entre tres mentideros especialmente tentadores. El de más altos vuelos era el de «las losas de Palacio», en los patios del viejo Alcázar. Allí acudía todo aquél que quisiera obtener información sobre las decisiones tomadas en los distintos consejos que se reunían en Palacio para regir la vida política y económica, o sobre las nuevas traídas por los correos reales, de las Indias, de las Españas o de cualquier lugar exótico. También era muy visitado el mentidero «de los comediantes», en la calle del León, en donde los poetas se ocupaban de divulgar (casi siempre por medio de algún correveidile) el último soneto venenoso arrojado a la cara del enemigo literario de turno o del noble que no había pagado otro en que, por ejemplo, se ensalzara la belleza de su esposa. Y, por último, estaba el famosísimo mentidero de las gradas de la iglesia de San Felipe el Real, junto a la puerta del Sol, en donde se comentaba la correspondencia recibida por los particulares en la colindante casa de Correos, para divulgar los sucesos antes incluso de que sucedieran, como comentó con humor en cierta ocasión el dramaturgo contemporáneo Luis Vélez de Guevara. Allí podía conocerse por boca de los brillantes charlatanes si *bajaba o no bajaba el Turco* (uno de los temas preferidos para abrir boca: los rumores sobre la posible invasión otomana); el nombre de la última jovencita huida de su acomodada casa para dedicarse a la farándula o raptada por un noble sin dinero; los detalles de la última rebelión en Flandes o las correrías nocturnas del tan apasionado como moralista Felipe IV.

Vivir en Madrid

Quienes carecían de capilla y sacerdote particular tenían que conformarse con escuchar la misa diaria en cualquiera de las muchísimas iglesias del lugar, y después refrescarse el gaznate en alguna de las no menos escasas tabernas (más de cuatrocientas, dicen las malas lenguas), situadas por lo general a espaldas de las iglesias, o a veces incluso (para escándalo de más de uno) en los propios conventos. Y es que las órdenes religiosas producían y vendían vino al por mayor: el mejor, para las tabernas de la calle y de la Plaza Mayor; el peor, «de baratillo», con ese molesto sabor a pez de los pellejos, para el resto. Si había que comer de prisa se podía acudir a cualquiera de los bodegones «de puntapié», mostradores situados en las encrucijadas de las calles, y pedir una empanadilla (siempre que no se tuvieran escrúpulos ante la procedencia de la carne picada) para comerla de pie allí mismo; pero lo mejor, cuando había que improvisar una comida, era abastecerse en los puestos ambulantes y acercarse a cualquiera de los bodegones o figones, para que la cocinara el dueño.

Las afueras no estaban nunca muy concurridas, así que las criadas podían lavar la ropa a orillas del Manzanares sin ser molestadas demasiado a menudo, o incluso, cuando las aguas del río traían caudal suficiente, darse un baño «en pelota», para pasmo del curioso viajero venido de Francia o de Inglaterra.

Día de fiesta

Pero cuando verdaderamente se aprovechaban esas praderas era en los muchos días feriados por decreto real, a causa de la visita de un importante extranjero, de la boda de una infanta o de cualquiera de las conmemoraciones religiosas del calendario. Entonces los nobles se ponían sus mejores galas y salían a lucirlas por el sotillo, más allá de la Puerta de Toledo (un lugar cuyos peligros describe muy bien Góngora en n.º VIII, 8): ellas, solas, en el coche que les prestaba su galán, con las cortinillas levantadas (para no provocar dudas sobre lo que ocurría en el interior) y asediadas constantemente por otros galanes, a los que se les permitía hablar sin tapujos con cualquier dama no acompañada (siempre, claro está, que no llegaran a entrar en el carro); y ellos, a caballo, acercándose de vez en cuando a los coches ajenos. Las damas que no habían conseguido vehículo para la ocasión también tenían algunos recursos para ser atendidas. La forma más entretenida de galanteo para ellas era acercarse a un puesto ambulante, pedir una limonada, un barquillo o cualquier golosina y señalarle al vendedor al primer incauto que vieran. El vendedor se acercaba entonces al elegido y le exigía que abonara la cuenta (especialmente aumentada para la ocasión). Negarse a pagar era una grosería sin nombre, así que, después de vaciar la bolsa, quedaba el consuelo de acercarse a la dama en cuestión e improvisar un largo discurso cargado de requiebros e ingeniosidades. Son muchos los poemas misóginos de la época que critican la costumbre de pedir dinero, a la que se veían social y materialmente abocadas las damas (véase el motivo «Contra damas que piden», en el apartado «VIII. Crítica de costumbres»).

ESCRIBIR EN EL BARROCO

Períodos del Barroco

La crítica ha venido distinguiendo tres momentos del Barroco en España: un período de formación (al que se ha llamado *manierismo*), que coincidiría con las dos últimas décadas del siglo XVI y las primeras del XVII, es decir, al final del reinado de Felipe II (1556-1598) y durante todo el de Felipe III (1598-1621); un segundo período de plenitud, bajo el cetro de Felipe IV (1621-1665); y un último momento de decadencia, durante el resto del siglo, con Carlos II (1665-1700) en la corona. Cronológicamente, las primeras obras de Lope y Góngora pertenecen al período de formación o manierista, aunque el grueso de su producción literaria se hizo ya en el llamado Barroco pleno, igual que toda la obra de Quevedo (veinte años más joven que ellos dos). Como representantes literarios por excelencia de la decadencia barroca se han señalado al dramaturgo Calderón de la Barca y al prosista Gracián, que a su vez son veinte años más jóvenes que Quevedo.

El gusto barroco

El término manierismo alude al paulatino cambio formal adoptado por los nuevos creadores, con un encrespamiento de las formas literarias renacentistas, que se complican y amaneran, como hastiadas de ceñirse a los preceptos clásicos que valoraban el equilibrio y la armonía. Es el principio del Barroco.

Resulta muy difícil definir el Barroco. Digamos que nos hallamos ante una época que rompe con la cultura clásica a base de empaparse en la lectura de los propios escritores clásicos; que rompe con el Renacimiento sin dejar de ensalzar a los autores renacentistas como modelo a imitar. Hay un desajuste muy barroco, por ejemplo, entre tantos tratados y poemas como se escribieron a favor de una austeridad vital casi renacentista y la realidad de las costumbres de los mismos que los escribían. Se criticaban, por ejemplo, las nuevas modas ostentosas en los adornos del vestido; pero tenemos la certeza de que hasta los escritores llenaban sus ropas de encajes, se compraban pelucas para esconder su calvicie y se pintaban la cara con el fin de embellecerse: en una época en que la pobreza de tantos era tan evidente, resultaba más práctico, a la larga, vestir bien que llenar de golpe la despensa. Quevedo da en su testamento una importancia evidente al destino de sus trajes.

La condición del escritor barroco

Ya hemos dicho que ser escritor en la época barroca era principalmente, para quien no tuviese la subsistencia resuelta por su posición social, un medio con el que intentar conseguir ciertos privilegios. Los libreros, que al tiempo hacían las labores de impresores y editores, no pagaban mucho por la publicación de los libros.

Los que, como Lope, conseguían renombre como comediantes, vendían sus obras a los llamados *autores,* que se encargaban de montar la comedia con sus compañías. A juzgar por la cantidad de comedias que se vio obligado a escribir el propio Lope, sin duda el dramaturgo de más éxito en la época, y por las penurias que sabemos que pasó, éste tampoco era más que un medio provisional para subsistir: las comedias se escenificaban muy pocas veces, por exigencia de un público ávido de novedades (entre el que había gentes de toda condición social).

Otra posibilidad era la de ganarse reputación de escritor político. Quevedo intentó eso a lo largo de toda su vida, con varios escritos dirigidos a los reyes y a sus validos aconsejando el modo de gobierno y juzgando la situación y los males de España. No le sirvió de mucho. Hay que tener en cuenta que esos textos dan consejos muy poco prácticos; hablan de la moral como guía del gobernante, en una época en que ya hacía casi un siglo que Maquiavelo había escrito su guía de príncipes (llamada así: *El príncipe,* de la que había ejemplares en toscano en muchas bibliotecas de la época, pese a estar prohibida), dejando a un lado la moral y atendiendo sólo a la efectividad de los comportamientos; y con notable éxito.

En cada calle, cuatro mil poetas

En cuanto a la poesía, los beneficios que reportaba eran, al menos directamente, casi nulos. Esto ya lo indica el hecho de que los poemas se difundieran normalmente manuscritos, por otros canales que el de la edición: la gente los copiaba y luego los vendía, o los interpretaba añadiéndoles música; pero es dudoso que el dinero que sacaran llegara en algún momento a manos de los poetas. Sólo en contadas ocasiones se publicaban recopilaciones de poemas ya prestigiosos. Y únicamente algunos poetas, como de nuevo Lope, daban los versos a la imprenta cada cierto tiempo, quizá preocupados por las alteraciones que sufrían los textos al pasar de una pluma a otra. Todo ello ha hecho que les resulte bastante difícil a los críticos establecer la cronología de la obra poética de la mayoría de los autores, e incluso la autoría de muchos poemas que han permanecido en copias sin firmar. Sobre todo en los textos de contenido «peligroso». Lo normal es que las sátiras insultantes, los poemas que criticaban ciertos comportamientos de los poderosos y los versos de contenido religioso arriesgado circularan sin nombre. Sin duda, pronto se corría la voz de quién era el autor, pero éste siempre podía negarlo categóricamente (sabemos, por ejemplo, que Quevedo nunca reconoció haber escrito su novela *El Buscón*).

Entonces ¿por qué había tantos poetas?: «...y en cada calle, cuatro mil poetas», afirma Lope (n.º V, 3); se calculan unos tres mil en toda España a comienzos del reinado de Felipe III. La única explicación posible es el prestigio que sin duda conseguían. Los versos ingeniosos llamaban la atención de todos, corrían de boca en boca, señalaban el nombre de su autor, al que se le atribuía una inteligencia y una sabiduría admirables (o todo lo contrario, si no caía en gracia). «El Homero español», se decía de Góngora; «el Fénix de las letras», se afirmaba de Lope; «el Justo Lipsio castellano», se murmuraba al ver pasar a Quevedo. Era la fama, y con ella la posibilidad de ser aceptado en los círculos nobles, de adquirir algún cargo administrativo y, desde allí, con bastante habilidad y no poca suerte, el dinero, la estabilidad. Góngora se ufana en una carta desde Madrid a Granada de que el conde duque de Olivares lo ha abrazado con una sonrisa en los labios; Lope no cabe en sí de gozo cuando el papa Urbano VIII (a quien envía dedicada una de sus obras) lo nombra caballero de una orden y doctor en Teología, con el título de *frey;* Quevedo muestra con circunspección, desde un retrato de Velázquez, la cruz roja de la orden de Santiago bordada en su pecho (y conseguida no sin sudores). Son los buenos momentos de sus carreras;

momentos efímeros, como ellos mismos habían predicho en sus poemas contra la ambición, y como luego comprobarían con su propia experiencia.

Así pues, había que escribir poemas aduladores y hacerse con al menos un par de protectores. Había que cantar la muerte de los reyes, de sus esposas y de sus hijas, y la belleza de los monumentos funerarios bajo los que descansaban. Había que dedicar las publicaciones a los poderosos. A ellos, en realidad, la poesía les encantaba. Hubo, es cierto, más de un noble afamado lírico, y muchos con veleidades poéticas, entre los que estaban los propios validos Lerma y Olivares.

Habilidades extraliterarias

Por eso no puede extrañarnos encontrar a Lope redactando las cartas amorosas del libertino duque de Sesa u ocupado en «tercerías» (según sus propias palabras), es decir, labores más de celestina que de escritor; y a Quevedo arreglando el matrimonio de un hijo del duque de Osuna con una hija del duque de Uceda o sobornando descaradamente a cortesanos con el fin de lograr un virreinato para el primero. Al parecer, Góngora no fue mucho más allá de la adulación (y consiguió bastante menos que ellos, pese a tener mejor posición y mayor fama de poeta entre los pudientes).

Las relaciones y los sermones

La poesía era entonces un importante vehículo de información. No de información objetiva, claro está (ésa, si es que ha existido en alguna época, no interesaba en absoluto en la barroca), sino de información convenientemente aderezada, que embellecía o deformaba los hechos dependiendo de los intereses de quien escribiera los poemas o de quien los encargara.

Y es que hay que tener en cuenta que por entonces no había periódicos, al menos no como los conocemos hoy en día. Lo más parecido eran las *relaciones,* en las que se contaban los cotilleos de corte mezclados con las noticias de guerra, los nacimientos de animales de varias cabezas y los constantes milagros de los santos. Pero el auge de estos panfletos no llegó a desbancar la costumbre de enterarse de las noticias de boca de los poetas, que así se dedicaban a recoger en sus poemas de ocasión los sucesos más destacados de la vida cotidiana.

Por donde sí encontraban buena competencia los poetas como informadores era en los sermones de las misas, hechos con una admirable habilidad retórica, que podían llegar a poner en un brete a más de un noble e incluso al Rey. Los sermones, a veces muy osados, intervenían sin remilgos en las cuestiones políticas y privadas, y eran otro buen cauce de información. Hay que tener en cuenta que varios de los buenos oradores de la Iglesia alcanzaron entonces mayor fama que los escritores de los que hablamos, aunque no la hayan conservado hasta hoy.

Academias literarias

Ya hemos hablado del mentidero de los comediantes. Otros lugares de reunión para poetas eran las academias literarias. Se llamaba «academia literaria» a toda reunión de literatos hecha con cierta solemnidad. Estas academias a veces se montaban simplemente para otorgar un premio al mejor poema sobre un tema concreto previamente estipulado. Otras veces consistían en reuniones periódicas a las que asistían siempre los mismos, más o menos. Ninguna academia duró en España lo suficiente como para que nos haya quedado un buen reflejo de qué ocurría allí exactamente. Pero podemos deducir que se organizaban en casa de algún noble que las apadrinara, o incluso en Palacio, y era imprescindible que a ellas acudiera al menos un poeta renombrado. En ocasiones se exigía a los participantes que observaran algún tipo de comportamiento, como hablar exclusivamente en verso, utilizar un pseudónimo poético o ceñirse a ciertos temas, ya fueran amatorios, festivos o severos. Eran temas enigmáticos y que se prestaban a acaloradas discusiones. Había que responder a preguntas tan profundas como, por ejemplo, cuál había sido el nombre adoptado por el héroe mitológico Aquiles cuando se ocultó disfrazado de doncella (para no acudir a la guerra de Troya) o cuántos barriles de vino se bebió el pastor Admeto en su boda con Alcestis (bellísima, hasta que la diosa Diana, enfadada con la ebriedad de Admeto, la convirtió en un nudo de serpientes, para sorpresa del novio).

En fin, ante esos temas tan interesantes no era raro que los poetas derivaran hacia lo personal y acabaran lanzándose versos insultantes.

Otros escritores y obras de la época

Prosa

El siglo XVII comenzó, literariamente hablando, con la publicación de la primera parte del *Quijote,* de Miguel de Cervantes: la historia de un hidalgo chiflado que se cree caballero andante y cuya mente transforma los sucesos más anodinos en maravillosas aventuras épicas de las que sale siempre con el cuerpo molido a estacazos. Es un libro hecho, entre otras cosas, para burlarse de la costumbre, muy extendida en la época, de leer disparatadas novelas de caballerías. El libro recibió una gran aceptación por parte del público, que llevó a Cervantes (y a alguno más) a escribir una segunda parte, en la que los personajes con que se encuentra el Quijote, al reconocerlo como el héroe de la primera parte (puesto que todo el mundo la había leído) le montan ellos mismos otras maravillosas aventuras épicas que él acababa creyéndose y de las que tampoco sale muy bien parado. Baste decir que el éxito de las dos obras fue inmediato y ha ido creciendo sin parar hasta nuestros días.

Otra obra de mucho renombre en la época es el *Guzmán de Alfarache,* la historia de las correrías de un tipo que dejó los estudios por los vicios, contada por él mismo cuando cumple condena en galeras, a modo de sermón dirigido a los pecadores lectores. Esta obra revitalizó el género picaresco, que había comenzado con el ya famoso *Lazarillo de Tormes,* y fue punto de partida (y objeto de parodia) de la otra gran novela picaresca de aquel tiempo: *El Buscón* de Quevedo.

Era muy común también encontrarse con tratados morales. El humanismo había despertado esa pasión por la lectura entretenida que al tiempo enseñaba. El Barroco recogió la idea, y, como con todo, la exacerbó. El mayor representante de este tipo de obras es Quevedo, como veremos más adelante.

Poesía

Son muchos los poetas de la época, como ya sabemos, y algunos muy buenos. Baste aquí destacar a unos cuantos, señalando algunas de sus obras más conocidas.

En la ciudad de Sevilla había más poetas que naranjos. Rodrigo Caro es nombrado, principalmente, por su poema *Canción a las ruinas de Itálica,* en el que trata con un exquisito equilibrio formal y con infrecuente profundidad el tema de las ruinas, tan barroco (ver el motivo «Ruinas» en el apartado «III. Naturaleza y arte»). Juan de Jáuregui (que vivió casi siempre en Madrid) se convirtió al mismo tiempo en el mayor enemigo teórico de Góngora y en uno de sus grandes seguidores en la práctica. Francisco de Rioja legó a la literatura un puñado de sonetos magníficos. Pero el más asombroso poeta sevillano fue Andrés Fernández de Andrada. La *Epístola moral a Fabio,* uno de los tres poemas suyos que se conservan, es para muchos el mejor poema de la literatura española. Se trata de una extensa epístola en tercetos, al modo horaciano, dirigida desde Sevilla a un amigo que se encontraba medrando en la corte, aconsejándole que volviera a la paz de su lugar de nacimiento. Es un ejemplo inmejorable para conocer cuáles son las obsesiones temáticas barrocas: el tiempo, la soledad, la vejez, los placeres humildes, el menosprecio de corte y alabanza de aldea... Resulta edificante saber que (si las pistas que los biógrafos han encontrado son ciertas), Fernández de Andrada fue a México, para medrar él también, llevado precisamente por el amigo al que había dirigido su *Epístola* (el cual, por supuesto, no había hecho ningún caso de ella y había peleado hasta conseguir un cargo en ultramar). Y una vez muerto su amigo, nuestro poeta cayó en la indigencia, murió a su vez y fue enterrado con dinero obtenido de limosnas.

Hubo mucho poeta noble, ya lo sabemos también. Los complicados y cultos versos del conde de Villamediana, amigo, protector y seguidor literario de Góngora, eran de gran calidad, pero se hizo mucho más famoso por su habilidad para escabullirse de las fiestas junto a damas no siempre solteras, así que una noche le partieron el pecho con un puñal. También lograron el favor de las musas el príncipe de Esquilache y el conde de Salinas, que buscaban la sobriedad en el lenguaje, como buenos antigongorinos.

Además, podemos nombrar al toledano José de Valdivieso (que practicó con acierto el villancico a lo divino) y a los hermanos Argensola (Lupercio y Bartolomé Leonardo). Estos dos últimos tendían, casi como reacción al gongorismo, hacia una poesía sobriamente humanística.

Teatro

Quizá el teatro fue en la España barroca la expresión literaria más característica. Primero porque acogía espectadores de todas las clases, y también porque como género literario resultaba un híbrido muy adecuado desde el punto de vista de la mentalidad de la época: el teatro barroco utilizaba la música del verso, el elemento narrativo, el diálogo vivo, canciones y danzas...; mezclaba los temas trágicos y los cómicos; obligaba a planteamientos de escenificación (muy sobrios en la época de Lope, según él mismo aconsejaba, pero pronto realmente espectaculares). En el momento que nos ocupa, además del incansable Lope, brillaron con luz propia, entre otros, Luis Vélez de Guevara y, sobre todo, Juan Ruiz de Alarcón, con su comedia *La verdad sospechosa*.

GÓNGORA, LOPE Y QUEVEDO: POETAS POSTULANTES

EL primero en nacer fue Luis de Góngora y Argote, en Córdoba (1561), un año antes del nacimiento de Félix Lope de Vega Carpio (1562) y casi veinte por delante del de Francisco de Quevedo y Villegas (1580), estos dos últimos en Madrid.

Góngora era hijo de un jurista noble y erudito que poseía una biblioteca de renombre y estaba casado con una mujer cuya familia era sospechosa de judaizante (algo nunca probado pero muy comentado entonces: Lope y Quevedo lo señalarán ofensivamente en varios poemas). Su posición estaba asegurada por las rentas agrícolas que producían los cortijos, molinos, huertas y dehesas de su padre, y por una ración (es decir, una renta en dinero que se otorgaba por el desempeño de un cargo eclesiástico menor) de la que disfrutaba su tío por parte de madre, y que más tarde heredará Góngora. La cuna de Lope era mucho más humilde: sabemos que su padre, de ascendencia santanderina, se ganaba la vida como bordador. Por su parte, la familia de Quevedo, que provenía también de la montaña santanderina, la constituía un matrimonio al servicio de doña Ana de Austria, la esposa de Felipe II; él como secretario y ella como dama de la reina. Ambos murieron cuando el poeta era niño.

Los comienzos literarios de Góngora y Lope

Góngora llegó a estudiar a Salamanca a los catorce años (1575), como caballero: casa instalada y sirvientes. Dejó sin acabar allí los estudios de cánones y leyes, pero logró crearse pronto un sólido renombre por su soltura en los vicios de componer coplas y barajar los naipes; ambos, como veremos, igualmente ruinosos. Permaneció allí cinco años, hasta que su padre se hartó del derroche. Entre tanto, Lope llegó a estudiar a la universidad de Alcalá de Henares con quince años y se aposentó en un Colegio Mayor. Pero es posible que ni siquiera llegara a matricularse: desaparece su rastro, y resulta coherente y tentador imaginarlo, como alguno ha hecho, escapado con una compañía de comediantes, a vivir la vida y aficionarse al teatro. Sin embargo, no hay pruebas.

Ambos lograron pronto fama de poetas hábiles, cada uno en su ciudad. Se dedicaban a componer romances de aire popular, muy a la moda del momento. Sabemos que ya por entonces Góngora parodió uno de Lope que corría de boca en boca con otro que pronto se hizo igualmente famoso. Es el primer y tímido enfrentamiento, en el que se descubrían rivalidades de poeta andaluz frente a poeta de corte. Poco después, Góngora hizo unos versos arremetiendo contra el Tajo (río que tradicionalmente citaban los castellanos con cierto bombo) y Lope contestó con un poema en que sugiere que el poeta cordobés tenía origen judío, pues ya le había llegado el chisme. Eso era entonces un insulto grave.

La pereza y las distracciones de Góngora frente a la fecundidad y los amoríos de Lope

Góngora, con su posición acomodada, se limitaba a divulgar de vez en cuando algunos pocos versos muy cuidados: cuando ya había cumplido los veinticuatro años (1585) su tío renunció a la ración que poseía en su favor, asegurándole una renta considerable y la posibilidad de viajar sin parar de un sitio para otro. Para heredar el puesto tuvo que ordenarse de menores, es decir, adquirir un grado de orden y de compromiso eclesiástico menor que el de sacerdote. Pronto se le acusó de no ir al coro, hablar mucho durante las misas, formar corrillos para «tratar de vidas ajenas», ir a fiestas de toros (algo prohibido expresamente por el Papa pero muy poco atendido por los religiosos españoles), andar día y noche sin recato en compañía de comediantes, y también de escribir coplas ligeras. En su respuesta, de una prosa brillante, Góngora se ríe a mandíbula batiente de las acusaciones, sin negar ninguna.

Mientras, Lope no paraba de escribir poemas, y hasta comedias, una detrás de otra, que se representaban con éxito y con las que conseguía algún dinero fácil para pagar sus juergas. Le compraba las comedias el *autor* (así se llamaba al empresario que luego las montaba) Jerónimo de Velázquez. A cambio, Lope cortejaba a su hija, Elena Osorio, separada de su marido por entonces. Pero la madre de Elena debió de encontrar mejor partido para la muchacha (un tipo que había vuelto enriquecido de las Indias), y la convenció fácilmente para que se fijara en él. Sabemos que durante algún tiempo Lope, que andaba por los veinticinco años, siguió recibiendo de Elena Osorio favores amorosos y, al parecer, también algún dinero proveniente del indiano ricachón. Pero al final la familia intervino (por miedo quizá a que se descubriera el pastel) y prohibió a Lope que pisara la calle en la que vivían, por lo que él protestó con coplas, libelos y no pocos insultos contra los Velázquez. Todo concluyó con el encarcelamiento y proceso del poeta (1587) y, después, con la pena de destierro: dos años del reino de Castilla y otros ocho más de la corte.

Aunque considerablemente despechado, Lope no había tardado en reincidir en sus amoríos, esta vez con la jovencita burguesa Isabel de Urbina, así que aprovechó el destierro para raptarla (con su complicidad, como solía ser en tales casos), pese a que esto estaba muy mal visto y se penaba hasta con la muerte del raptor. Cuando, en Valencia, Isabel se quedó preñada, Lope debió de pensar que el embrollo era ya peligroso, así que devolvió la muchacha a sus padres, por medio de un amigo al que dio poderes para realizar un matrimonio en su nombre. Y luego puso tierra y mar de por medio, por si las moscas, enrolándose en la Armada Invencible. Tras un corto viaje, Lope volvió a Valencia, donde se instaló con Isabel (cuya familia había aceptado por fin la boda a distancia). Más tarde estuvieron los dos en Toledo (1590), en donde Lope trabajó al servicio de distintos nobles como secretario (labor en la que una de las ocupaciones principales era la de encargarse de redactar la correspondencia amorosa). Tenía por entonces veintiocho años.

Sabemos de un viaje de Góngora a la corte (1589), también con veintiocho años. Volvió, según reflejaron sus poemas, asqueado de la ciudad, de su confusión y de la hipocresía de sus habitantes. No eran sino los primeros coletazos del cortesano postulante que acabaría siendo.

Por aquel tiempo sitúan los biógrafos el primer encuentro de Lope y Góngora, que no debió de ser muy hostil, quizá en Alba de Tormes, y provocado con toda probabilidad por alguno de los muchos amigos poetas comunes. Góngora escribía poco y se divertía bastante, no sin lamentarse más de una vez, pero Lope no descansaba un instante; la fama que le proporcionaban sus comedias le sabía a poco, y probó fortuna en otros géneros: formas cultas de poesía, poemas narrativos y novela pastoril. Una anécdota nos lo presenta friendo torreznos por la mañana, después de haber escrito un acto entero de una comedia y una epístola de cientos de tercetos, y después también de haber regado el jardín, «lo que me ha cansado no poco», dicen que decía, refiriéndose sólo a lo último.

Aspiraciones nobles

A los treinta y cuatro años Lope consiguió el perdón para regresar a Madrid (1595). Su mujer Isabel y las dos hijas que había tenido con ella habían muerto en Toledo. Lo procesaron entonces por amancebamiento con Antonia Trillo (1596), bella y viuda: amores simultáneos a otros que mantenía con la actriz Micaela Luján (cuyo marido andaba probando fortuna en las Indias), los cuales a su vez continúan aún cuando, a los treinta y ocho, se casa con Juana de Guardo (1598). Esta última era, según los deslenguados del momento, una mujer tan fea como rica. Y desde luego era muy rica, pues su padre se había convertido en el principal abastecedor de carne del mercado de Madrid. Por desgracia para el poeta, aquel hombre no se había enriquecido por casualidad, y nunca le pagó la dote de la boda.

En ese mismo año Lope publica su *Arcadia*. Aprovechando su segundo apellido, Carpio, pone en la portada el supuesto escudo noble de su familia materna (que no era otro que el que se atribuía al legendario héroe medieval Bernardo del Carpio, a cuyas manos murió, según los relatos épicos, el mismísimo Rolando, joven guerrero de Carlomagno). Es un escudo precioso, que encabezará desde entonces muchas de las obras de Lope. Góngora escribe un soneto ridiculizando al tiempo la boda y el desmán del escudo (n.° IV, 1).

Quevedo se hace notar

Felipe III decidió trasladar la corte a Valladolid en 1601, con no poco disgusto de los madrileños. Góngora, que andaba por los cuarenta y pocos años, aprovechando una ocasión que le proporcionaba su cabildo, se presentó allí, picado por la ambición de triunfar como cortesano y precedido de su fama de poeta exquisito.

El poeta, que se puso a escribir sin parar versos adulatorios dirigidos a nobles, aprovechó el disgusto que muchos de ellos mostraban con la nueva corte (pues ya se habían acostumbrado a vivir en Madrid) para contentarlos con un poema contra el Esgueva, en el que evoca con todo detalle la basura que arrastraba el río a su paso por la ciudad. Pero de pronto se encontró con la contestación, terriblemente ofensiva e ingeniosa, de un joven poeta: Quevedo, que, como Lope cuando se metió con el Tajo, hacía patria en la defensa de los ríos castellanos.

Por entonces Quevedo, que había cursado estudios en Alcalá, estaba probablemente terminando (aunque nunca lo hizo) los de Teología en Valladolid. Ya había conseguido hacerse notar con su prosa desenfadada; incluso había logrado que Justo Lipsio, un renombrado humanista afincado en Lovaina, respondiera a sus cartas elogiando su latín (correspondencia que el propio Quevedo se encargó de difundir para lograr fama de culto). Sin duda, arremeter, con la excusa del dichoso río, contra Góngora, que ya por entonces era muy temido como enemigo literario por sus versos punzantes, acabó de proporcionarle la fama que buscaba, y le granjeó inmediatamente la amistad incondicional de Lope, que por entonces continuaba en Toledo y no podía hacer una competencia directa a Góngora. Este último no tardó en responder, y con fuerza, estableciendo para siempre esa enemistad literaria que tan a menudo ilustran sus versos.

Entre pleitos y disputas

La corte volvió a Madrid en 1605, sólo cinco años después de que saliera, y para quedarse ahí ya definitivamente. Quevedo, que había cumplido los veinticinco, siguió sus pasos, y en ella se dedicó a aumentar su obra y a buscar el inevitable mecenas. Escribía versos, prosa satírica y ensayo político.

Por aquel tiempo, Lope ya estaba en los cuarenta. Entra al servicio del duque de Sesa, un noble de la edad de Quevedo que gastaba su juventud en la busca de lances amorosos, para lo que le resultaron de no poca ayuda las dotes de Lope como tercero, ya fuera redactando las cartas de amor o ya embrollándose en complicadas maquinaciones para enredar a damas descuidadas.

A los veintinueve años (1609), Quevedo da a la luz su traducción, con notas filológicas, de unos poemas griegos que circulaban por Europa atribuidos al poeta Anacreonte (ahora sabemos que no son de él). Continúa, pues, empeñado en consolidar su pujante fama de humanista. Góngora estaba por entonces, a sus cuarenta y ocho años, en la corte, enzarzado en un juicio por la muerte violenta de un sobrino suyo. Y no tarda en reaccionar: difunde un soneto (que comienza «Anacreonte español, no hay quien os tope», n.º IV, 8) en el que afirma que Quevedo no sabe griego y que ha robado los versos (parecer cierto que Quevedo tomó las notas, como mínimo, de una traducción francesa).

Que quede claro que todo cortesano que se preciara andaba siempre metido en pleitos, una de las pesadillas de la época. Quevedo empieza por entonces (1609) unos interminables para convertirse en señor de Torre de Juan Abad (aldea de Ciudad Real en la que Quevedo tenía una finca), a lo que se oponían con tenacidad sus futuros siervos. Por su parte, Góngora se dedica a escribir poemas adulatorios y sátiras por encargo, con cierto éxito. Comienzan a tomar cuerpo sus ilusiones cortesanas, pero no llegan a más; pronto se verá decepcionado: cierto conde no lo lleva consigo a Nápoles, cierto duque no lo invita a su viaje a Francia (1610). Góngora volverá a Córdoba, lanzando pestes contra la corte.

La polémica de las Soledades

Poco después (1613), hallaremos a Quevedo en Italia, ya con treinta y tres años, como secretario del duque de Osuna, que había sido nombrado virrey de Sicilia. Entre los dos se mantendrá desde entonces una profunda amistad. Las labores del Quevedo diplomático son muy variadas, y se complementan con otras de menor rango. Viaja a Madrid para sobornar a los cortesanos influyentes con el fin de conseguirle a Osuna el virreinato de Nápoles, o para casar en condiciones a su hijo (cosas ambas que lograría). En Nápoles, el nuevo virrey y su secretario se crearon la misma fama de juerguistas de la que previamente habían disfrutado en Madrid. Mientras, Osuna consigue varios éxitos pirateando en el mar bajeles turcos, y se enriquece considerablemente.

Tras la muerte de su esposa Juana y de su hijo Carlos (1613), Lope decidió ordenarse sacerdote (1614). Quizá haya que señalar ya que su pasión amorosa era solamente comparable a su pasión religiosa, otra contradicción más de su carácter, tan barroco como su obra. Tuvo más de una crisis religiosa de la que nos ha quedado el reflejo de muchos y muy hermosos versos. Todo apunta, pues, a que su ordenación fue un acto sincero, aunque no impidió en absoluto que inmediatamente se enredara en otros amores. Según los rumores de la época, por la mañana se hizo sacerdote y por la noche se retiró a casa de su nueva amancebada, Jerónima de Burgos. Al parecer, tuvo bastantes dificultades para encontrar confesor que lo atendiera.

Por su estancia en Italia, Quevedo se perdió la mayor parte de una tremenda polémica literaria que ocupó entonces a casi todos los poetas, aunque consiguió mediar en ella, con su lengua viperina, en alguno de sus viajes. Góngora, que tras dar por concluido el pleito de la muerte de su sobrino había vuelto a Córdoba, decidió allí retirarse en su casa a componer sus definitivas obras maestras. Y lo logró: entre otras muchas cosas, el principio de un larguísimo poema lírico, las *Soledades*. Dispuesto a asombrar a los envidiosos cortesanos, envía a su amigo Almansa y Mendoza unas copias de la *Soledad primera* para que él las difunda por Madrid (1615). No podía haber elegido a alguien más tenaz: Mendoza patea las calles, sube a Palacio, baja al mentidero de los comediantes, recorre una a una las academias literarias, provocativo, invitando, a quien tuviera algo que objetar ante su maestro Góngora, a que lo hiciera por escrito. Pronto los admiradores de Góngora ensalzaron el poema y sus detractores aborrecieron de él. Una pelea a la que no fueron ajenos ni la sorna ni la ira (y de la que todavía en la crítica del siglo XX pueden encontrarse algunos asombrosos rescoldos).

La verdad es que Góngora logró, si era eso lo que se proponía, que nadie permaneciera indiferente al texto. Y es que las *Soledades* son, independientemente del juicio sobre su calidad, uno de los monstruos más admirables que la estética barroca produjo. Lope (al parecer,. pues la carta no iba firmada) escribió a Góngora avisándole con malvada ironía de que su amigo Mendoza le atribuía y hacía circular un poema ininteligible que sin duda no era del poeta cordobés. Góngora contestó alegando (entre otras cosas más literarias, todo hay que decirlo) que Lope no tenía ni un maravedí en la faltriquera y que sin embargo él cobraba su buena renta regularmente. Era el comienzo formal de una polémica en la que se fue gran parte de la tinta de la época. Pronto todos imitaban la retorcida sintaxis, casi latina, de los versos gongorinos: unos, llenos de admiración, para evocarlos; otros, llenos de veneno, para parodiarlos. Y a los poemas se añadían tratados literarios, cartas arrogantes, ediciones de poetas antiguos, libelos, panfletos y, como con todo, peleas callejeras.

Lope enamorado, Quevedo político y Góngora pretendiente

Pero dejemos así la polémica literaria. Hemos visto ya una y otra vez a Lope corriendo atolondradamente detrás de alguna dama. La última era Jerónima de Burgos. Después, se enamoró perdidamente de una actriz llamada Lucía Salcedo y apodada «La Loca», a la que seguía de un sitio para otro, pese a la falta de ingenio y de belleza que atribuían a esta mujer las hablillas. Pero de pronto encontraría un amor duradero: la bella y culta Marta de Nevares, que también escribía versos. Cuando se conocieron, ella tenía veintiséis y él cincuenta y cinco. El marido de Marta descubrió que su nueva hija no era suya, sino del sacerdote Lope (1617), e inició un proceso de separación durante el que murió (era también un hombre muy mayor). Por entonces el comediante ya había escrito al menos cuatrocientas cincuenta obras; pero apenas tenía dinero para mantener a su ilícita familia.

Lope denuncia en esos tiempos a un tipo que se aprendía de memoria sus comedias, con sólo verlas representadas un par de veces, y después las pirateaba y vendía (perdió el pleito, porque nadie vio nada malo en ello).

Era la época en que Quevedo, a sus treinta y ocho años, en la cumbre de su carrera política junto al virrey de Nápoles Osuna (pero peleando al tiempo con brío en España para mejorar su futuro), recibió el hábito de la orden de Santiago (1618), lo que le proporcionaba una renta considerable, carta de cristiano viejo y pocas obligaciones. No se hicieron esperar las carcajadas de Góngora, que por supuesto también había intentado, sin resultados, conseguir lo mismo.

Y es que Góngora, con cincuenta y seis años a las espaldas, había regresado a Madrid (1617), decidido a sacar verdadero provecho de su indiscutible fama de poeta. Y había logrado una capellanía real, para lo que tuvo que ordenarse sacerdote. Pero como los beneficios de su capellanía se quedan cortos para su lujosa vida, y sus familiares le escamotean el dinero de las rentas de Córdoba, al poco tiempo tiene que mover sus influencias y pedir una pensión. Se la prometieron con una sonrisa.

Lamentablemente, Góngora no había tenido mucha suerte al elegir a sus protectores, que fueron destituidos por sus intrigas, torturados en el potro o asesinados por maridos celosos. Pasa el tiempo, la pensión prometida por Olivares no llega, y el poeta rechaza la posibilidad de volver hundido a su tierra. Para caer definitivamente en la ruina, Góngora se ayudó sin duda de sus habilidades en el juego y, sobre todo, del ritmo de vida que llevaba. Hay cartas (en cierto modo muy actuales) en las que lamenta tener que vestirse con harapos porque todo el dinero se le va en arreglar su coche.

Lo cierto es que, cuando tenía ya sesenta y un años, Góngora fue expulsado de su casa por no pagar las deudas a su casero. Y lo asombroso es que el casero no era otro que el propio Quevedo, al que podemos tranquilamente imaginar haciendo piruetas para comprar la casa en que vivía Góngora, con deudas y todo. Después Quevedo difunde un poema en el que asegura que ha tenido que «desgongorar» la finca para ocuparla (1625).

Y es que Quevedo había regresado a Madrid (1519). Las cosas iban mal en Nápoles. El propio Osuna fue destituido como virrey y dio con sus huesos en la cárcel, en donde moriría años después. A Quevedo se contentaron con desterrarlo (tras encarcelarlo un par de veces), por lo que se retiró a su villa, Torre de Juan Abad, como haría desde entonces en repetidas ocasiones, más o menos obligado. Consiguió, por aquel tiempo, ponerse a la sombra del duque de Medinaceli. Se le acusa de estar amancebado con una mujer, la Ledesma, y de tener hijos con ella.

Las muertes de Góngora y de Lope

Góngora se disponía a aguantar unos años más en Madrid, a la espera todavía de empezar a cobrar la dichosa pensión. Pero sufrió una apoplejía, y, en un momento en que la enfermedad remitía, preparó baúles vacíos y volvió a su casa, sin memoria para lo inmediato, pero recordando con arrepentimiento sus barrabasadas y sus versos ofensivos, si hemos de creer lo que contaron sus amigos. Murió a los pocos meses. Corría el año 1627, y Góngora había cumplido los sesenta y seis.

Lope le dedicó tras su muerte algunos versos laudatorios (ya sólo se metía con sus seguidores). Es la época en que recibiría con gusto el nombramiento, por parte del Papa, como caballero de una orden y doctor en Teología, con el título de *frey*. Pero entre tanto, Marta de Nevares, su amada, había enfermado seriamente, perdiendo primero la vista y después la razón. Lope se acercaba a los setenta años. Permaneció al lado de ella, cuidándola cariñosamente, hasta que murió (1632). Murió él también tres años después (1635), atormentado por las desdichas del final de su vida, que iban a culminar, por una de esas ironías del destino, en el momento en que una hija suya se dejó raptar por un tipo muy lopesco (1634), y con la posterior muerte, en un naufragio, de un hijo. El entierro de Lope, pagado por el duque de Sesa (al que alguno acusó de sólo entonces ser verdaderamente generoso con el escritor) fue grandioso. «Hubo muchas mujeres», dice un cronista. Toda la corte participó en las honras fúnebres, que duraron nueve días.

Quevedo y sus intrigas

A Quevedo aún le quedaba mucho que escribir. Y que sufrir. A los cincuenta y cuatro años (1634) se casa con Esperanza de Mendoza, señora de Cetina, una viuda de su edad que tenía algún dinero. Parece ser que se vio obligado a hacerlo bajo la presión de las esposas de algunos poderosos. No sabemos con qué intención pudieron estas buenas mujeres llevar al altar al docto escritor. Pero sí que a los dos meses ya estaba Quevedo en Madrid, solo y olvidado de su mujer. Se dedica a divulgar sátiras y recibir otras no menos insultantes. Escribe también algún tratado moral, alguna obra festiva y alguna política. Continúa con los interminables pleitos contra sus siervos de Torre de Juan Abad (y con otros de casas, fincas, tabernas, cuya posesión disputaba), y, por lo que se puede deducir, intriga contra el gobierno al servicio del duque de Medinaceli: se le ve en compañía de franceses (parece ser que alternando esto con la comisión de distintos negocios para el gobernante Olivares, lo cual convierte en muy grave la actitud de Quevedo; no olvidemos que a principios de siglo, en una terrible oleada de peste, se mandó desde Palacio hacer un censo de franceses: se creía que la enfermedad la habían introducido ellos por medio de unos polvos malvadamente creados por sus hombres de ciencia). Curiosamente, redacta por entonces su comentario a la vida de un famoso traidor: el *Marco Bruto*.

En una noche del invierno (1638) Quevedo es detenido en casa de Medinaceli y sacado en carro de la ciudad. Lo ha denunciado un amigo noble, acusándolo de traidor al gobierno y de espía de los franceses. Pero a él no se le informa de la razón de su prisión. Será encerrado, a los cincuenta y ocho años, en una celda de un convento en León. Permanecerá allí cuatro años, aunque el rigor de la prisión, que al principio debió de ser especialmente severo, fue menguando (al tiempo que su salud). Al conocer cuáles habían sido las causas de su encierro, escribe al valido del rey solicitándole en vano el perdón. En los últimos años de prisión redacta tratados morales y religiosos. Cuando cae el valido Olivares, Quevedo es liberado y vuelve a Madrid (1643). Escribe a Felipe IV para congraciarse con él, pero no recibe respuesta. Se siente acabado. Decide retirarse a la Torre (en donde se preocupa, sin lograrlo, por poner orden a sus poemas) y desde allí, al agravarse su enfermedad, a la cercana Villanueva de los Infantes, en donde muere con la mente sana y el cuerpo depauperado en el año 1645, a sus sesenta y cinco años, diez más tarde que su amado Lope y dieciocho después que su odiado Góngora. Fue enterrado en la iglesia de Villanueva, desde la que no se sabe adónde fueron trasladados en algún momento sus huesos, hoy perdidos.

LA OBRA DE GÓNGORA, LOPE Y QUEVEDO: MONSTRUOS VARIOS

Góngora

De los tres, fue Góngora el único que cultivó casi exclusivamente la poesía. Nos detendremos ahora en tres poemas que por su extensión no tienen cabida en este libro.

La *Fábula de Polifemo y Galatea* recuerda en octavas reales (endecasílabos con rima alterna hasta que concluyen en un pareado) la historia de estos dos personajes mitológicos: Polifemo, un cíclope monstruoso, ama a Galatea, una dulce y frágil ninfa marina; pero ella se deja seducir por Acis, así que Polifemo, celoso, aplasta con un pedrusco a su rival, que después es convertido en río por los dioses, compadecidos por su suerte. El contraste entre Polifemo y Galatea es uno de los elementos que más explota en sus barrocos versos el poeta, que relega al máximo los elementos narrativos de la historia para recrearse, por ejemplo, en la descripción de los personajes y del entorno natural en que se mueven, o en la conmovedora pero airada sentimentalidad que profesa la bestia Polifemo ante la bella Galatea, cuyo contraste, como decimos, forma el alma barroca del poema.

Las *Soledades* son una larga silva (es decir, un poema en el que se alternan endecasílabos y heptasílabos sin ninguna disposición estrófica, con una falta de orden que recuerda a la de una «selva»). Ya sabemos el revuelo que causó su difusión, y que

Góngora no las terminó. En lo que nos dejó de ellas se encuentra el relato de un náufrago, afligido por heridas de amor, que es acogido por unos pastores y que presencia una boda rústica. Después conoce a unos pescadores y contempla unas escenas de caza. La importancia del elemento narrativo, por tanto, es mínima en los más de 2.000 versos de las *Soledades*. Precisamente eso fue lo que más molestó a sus detractores: no ocurría nada. Era la primera vez que se componía un poema tan extenso sin otra intención que no fuera lírica. Además, el orden sintáctico de las frases se parecía más al latino que al castellano, y las metáforas ponían en relación elementos tan dispares que rozaban lo grotesco (siempre que se comprendieran, claro). Todo eso hacía especialmente difícil la lectura. Y Góngora se ufanaba de ello, contento de que fueran pocos los capaces de comprenderla.

El otro poema es la *Fábula de Píramo y Tisbe,* un romance. De nuevo aquí Góngora se aprovecha de una historia mitológica: la de los enamorados Píramo y Tisbe, que conciertan una cita amorosa cuyo desenlace es la muerte de ambos por una serie de adversidades y malentendidos. Pero esta vez lo hace desde una perspectiva que en muchos aspectos es paródica, con una actitud inmensamente barroca: beber de lo clásico y a la vez deformarlo; mezclar lo trágico con lo cómico.

Además de sus poemas, Góngora comenzó tres comedias, pero sólo acabó una: *Las firmezas de Isabela,* que, como las comedias de Lope, posee conflictos ante el problema del honor, juegos entre lo que se finge y lo que ocurre, y elementos argumentales de enredo. Pero, como siempre en Góngora, el texto trasluce su constante deseo de renovar, por un lado, y de retomar actitudes literarias abandonadas, por otro: introduce en los diálogos un lenguaje que se aleja voluntariamente del expresivo y directo que utilizaban las comedias entonces de moda, y constriñe la acción a los parámetros que anotaba la *Poética* de Aristóteles: a lo largo de un solo día y en un mismo sitio.

Lope

Frente a la obra de Góngora (en realidad, frente a la obra de cualquier otro escritor), la de Lope es inmensa. Es imposible averiguar el número de comedias que escribió. Sus poemas son incontables. Y su prosa, no digamos. Practicó todos los géneros concebibles en la época, y mezcló varios.

Tradicionalmente se considera a Lope como el creador de la comedia nueva. Es muchísimo lo que se ha dicho con respecto a esta corriente barroca del teatro español. Aquí nos limitaremos a recordar algo que quizá no se ha tenido demasiado en cuenta: como se puede deducir de sus comedias (y de su defensa de ellas), Lope parte de criterios del gusto del público, lo que le lleva, más que a prescindir de los preceptos clásicos, a adecuarlos a ese gusto. Para elaborar comedias nuevas, dice, hay que partir de lo razonable y aprovechar la experiencia. Ese innovador sentido pragmático de la literatura le llevó al éxito y, además, a una extraordinaria calidad.

Así, es admirable su capacidad para provocar y mantener la suspensión por medio de recursos que sin duda aprendió a pie de escenario, observando las reacciones del público ante las propias representaciones (él mismo afirma que ésta es la forma de conocer verdaderamente la comedia): esto explica su obsesión por no dejar nunca el escenario vacío, su preocupación por la verosimilitud del lenguaje (que olvida, por ejemplo, en un texto dialogado pero no representable como es el de *La Dorotea*), su habilidad para empezar escenas provocando la intriga o rematarlas casi siempre con frases lapidarias. Ahí están, para comprobarlo, las obras: *El caballero de Olmedo,* que juega en una escena memorable con la tensión que le provoca al público conocer que un personaje va a morir (la historia trágica de este caballero corría en coplas); *Fuenteovejuna,* en la que las tropelías de un pequeño tirano van poniendo poco a poco contra él a los otros personajes al tiempo que al público; *Peribáñez y el comendador de Ocaña,* en la que se usa un objeto (un retrato de una dama) como desencadenante de un conflicto de celos (engaña a un personaje pero no puede engañar al público, que prevé el conflicto por medio del objeto).

La obra en prosa de Lope es la que peor ha resistido el paso del tiempo. Probó de todo: novela pastoril *(La Arcadia),* novela ejemplar *(La Filomena),* novela religiosa *(Los pastores de Belén)...* El texto narrativo en prosa (no es exactamente una novela, sino, como dijo su autor, «acción en prosa», salpicada constantemente de poemas y canciones) del que él se sintió más orgulloso fue *La Dorotea,* escrita ya durante su vejez. *La Dorotea* parece querer continuar el género de *La Celestina* (obra de la que Lope bebió en varias ocasiones), destinado a una lectura lenta y meditada.

Quevedo

Aunque no tanto como Lope, Quevedo es un escritor indudablemente prolífico, lo que hace que resulte también difícil dar una idea general de su obra.

Sin duda, de sus textos en prosa, el que más ha llamado la atención de los lectores de todas las épocas es *El Buscón,* una novela que se inscribe voluntariamente en el género picaresco continuando (pero de forma innovadora) el camino abierto por el

Lazarillo de Tormes y el *Guzmán de Alfarache*. En esta obra Quevedo acumula aventuras y lo hace desatendiendo la construcción estructural de la obra, pero con el fin de seguir casi obsesivamente un plan (es una actitud literaria que repite en otras obras): burlarse, con la complicidad del lector, de los inútiles intentos de un hombre de baja condición por ascender en la escala social (por ejemplo, hacerse pasar por noble). Para ello utiliza todos los recursos de que es capaz, y hay que reconocer que su crueldad resulta en muchas ocasiones terriblemente graciosa.

Otras de las obras cargadas de humor de Quevedo son los *Sueños,* escritos en distintas épocas de su vida, en los que se propone retratar, en tono burlesco, los defectos de las costumbres de la sociedad española (sin dejar de acudir a la sátira de tipos al modo clásico: médicos, taberneros, mujeres según su edad o condición...). Algunos de estos *Sueños* parodian también el recurso del descenso a los infiernos (utilizado por escritores tan prestigiosos como el griego Homero, el latino Virgilio o el italiano Dante). En *La hora de todos y la Fortuna con seso* (una obra que parece un «sueño» más, por la mezcla de matices apocalípticos y satíricos en su tono), la diosa Fortuna, en vez de comportarse imprevisiblemente, da a cada uno lo que merece por sus hechos, lo que provoca un caos mundano que lleva con facilidad a la carcajada.

En un tono mucho más comedido redactó Quevedo otras obras de carácter entre político y moral, como la *Política de Dios, gobierno de Cristo,* un tratado del arte de gobernar en el que se pone como ejemplo de rey a Cristo. O su *Marco Bruto,* en el que traduce y glosa párrafo a párrafo (un recurso habitual en Quevedo) la vida del traidor escrita por el biógrafo latino Plutarco.

POESÍA BARROCA: GÓNGORA, LOPE Y QUEVEDO

El petrarquismo

Por lo general, al hablar de petrarquismo nos referimos a la concepción renacentista de la poesía amorosa, que los poetas Boscán y Garcilaso introdujeron en España con sus maneras poéticas italianizantes. En estos poemas se nos cuenta claramente que la dama tiene el cabello rubio y por tanto ardiente; la boca, del color rosado de la aurora, adornada con dientes semejantes a perlas; la piel blanca, ajena al contacto con el sol que sufren las morenas labradoras. Sus ojos, fulgurantes como estrellas o soles, verdes como el zafiro o azules como el mar, pero siempre heladores, lanzan fuego a los ojos del poeta y llegan a través de ellos al corazón, comunicándoles el ardor de su frío desdeñoso; el poeta se consume en el fuego de su pasión ante esta actitud, y se alegra de su desdicha, y vive muriendo y muere viviendo y arde en el hielo. Era imposible que algo así no cautivara a los escritores barrocos. Se ha querido minimizar su petrarquismo, presentarlo como los últimos coletazos de una moda que moría, fechar los poemas de aire petrarquista en las etapas juveniles de todos. Pero a veces parece que si el petrarquismo no hubiera existido lo habrían inventado ellos.

Hay que recordar, sin embargo, que este tipo de descripción de la mujer responde a imágenes más antiguas, quizá, que la más antigua de las poesías. Tal y como la recibieron los poetas barrocos, la imagen procede de la Edad Media, una época en la que se divulgó a partir de las actitudes sociales que en relación con el amor mantenían los cortesanos, con sus juegos eróticos y sus formas de cortejo; unas actitudes que elevaron, en cierto modo, la condición social de la mujer durante el llamado «renacimiento del siglo XII». Es, para muchos, la invención del sentimiento del amor como lo concebimos hoy (aunque se haya desarrollado y matizado a través de los siglos): un elemento social innovador, sin muchos antecedentes en Roma y Grecia, que perduraría durante el Renacimiento y llegaría hasta el Barroco.

Pero en el Barroco ya no se concebía a las damas como en aquellas cortes medievales. Existe también, sí, la pasión amorosa, que se refleja en muchos textos. Ahora bien, junto a esas damas tan literarias, inundan los poemas barrocos las viejas desdentadas (que no son sino esas mismas damas maltratadas por el tiempo), las busconas interesadas a la caza de incautos y las feas chillonas y «espantadizas de ratones», como la que retrata en un poema (n.º VIII, 13) Quevedo.

En busca de la variedad

Y es que el Barroco busca la variedad, la misma variedad de la naturaleza, alegan muchos: la monstruosa variedad, como podemos comprobar echando un vistazo al índice de temas y motivos. Es un tiempo en que la pintura se impone como arte. Aparecen los bodegones, un tema en cierto modo inconcebible anteriormente. ¿A quién podía interesarle retratar una cebolla, dos melocotones y una calabaza durante el Renacimiento? Pero en el Barroco los objetos cotidianos, los humildes e insustanciales objetos, son también fuente inagotable de inspiración; se incorporan a los cuadros y a la literatura. Lope los utiliza en su poesía con una prolijidad asombrosa; aparecen a veces simplemente enumerados, como catalogados, convertidos de un plumazo en dignos objetos poéticos.

Los conceptos

Una de las características más destacables de la poesía barroca es el cultivo de los conceptos. En la época se llamaba concepto al adorno formal que indicaba un esfuerzo del ingenio. Una definición más precisa es la de Gracián, que lo ve como el proceso mental (el puente) que pone en relación al menos dos elementos, a ser posible pertenecientes a campos de significado bien lejanos. Por ejemplo, Quevedo llama a una nariz grande «pirámide de Egito» (es decir, de Egipto; n.º VIII, 15). Eso es para ellos un concepto. Algo que, por supuesto, se ha hecho en la poesía de todos los tiempos. Pero, durante el Barroco, establecer este tipo de relaciones se convierte en una obsesión, en un alarde de inteligencia que provoca el aplauso. Ello nos puede ayudar a comprender en qué modo el afán de originalidad, de búsqueda de lo nuevo y sorprendente, se fue imponiendo, al tiempo que se lograban imágenes hermosísimas al borde del disparate. El concepto, en el Barroco, responde a la exaltación del ingenio individual del poeta.

Había, además, cierta convicción de que por medio de los conceptos se lograba una suerte de trascendencia; de que al poner lingüísticamente en relación dos elementos distantes en su naturaleza se creaba un nuevo «elemento», de entidad literaria. Los conceptos (que, por supuesto, no sólo se utilizaban con fines satíricos, como en el ejemplo de Quevedo) podían lograrse de muy distinta forma. Una de las maneras habituales era buscar la afinidad de los elementos puestos en relación aprovechando la similitud del sonido de las palabras que los designaban.

En fin. Todo parece indicar que lo que pretenden estos conceptos, cuando son aplicados de forma extrema, es captar la atención del lector, hacer que su mente se asombre primero, se esfuerce después y reconstruya el poema finalmente, lo que algún crítico ha descrito como un acto segundo de creación, comparable al de elaborar el poema. En la lectura moderna a veces los conceptos barrocos resultan realmente incómodos. El lector de poesía actual, en realidad acostumbrado a la novela o al artículo periodístico, no quiere detenerse como proponen los poetas barrocos.

Los temas mitológicos

En cuanto a la mitología, el más duradero (aunque hoy casi perdido) producto de la mente clásica, que el Renacimiento había incorporado a su estética brillantemente, aparece también, y con prolijidad, en las pinturas y los textos barrocos. Pero es una mitología desprovista de erudición. Importan poco los detalles. Los mitos han llegado a España, principalmente, a través de la obra del poeta latino Ovidio, sobre todo de sus *Metamorfosis*. Por tanto, la visión que se tiene de ellos es tan parcial como compartida. Y en cierto modo, se da un proceso de desmitificación: el abuso del tema mitológico ha provocado cierto hastío. Ya no basta con utilizarlos. El ejemplo del modo en que el pintor Velázquez usa los mitos es quizá significativo: los acerca a la época. Baco es un borrachuzo muy poco divino que mira ebriamente al espectador desde la escena de *Los borrachos;* podría ser un borracho de la época disfrazado de Baco para carnavales. Marte, dios también de la rapiña, parece un vulgar ladrón disfrutando tras el saqueo de una casa. Los héroes y los dioses mitológicos se parecen a los hombres, con sus tremendas debilidades. Esto, por supuesto, es algo que ya estaba en los relatos mitológicos originales, pero en lo que no había insistido demasiado el Renacimiento. Ahora, más que nunca, esos personajes son un espejo donde mirarse..., se convierten en un elemento de comparación, al tiempo que se deja de lado su carácter heroico o divino.

Muchas veces, los poemas satíricos simplemente parodian la costumbre de citar los mitos, y nos presentan a sus protagonistas deformados, como si fueran hombres inmensamente tontos, torturados por un destino adverso: absurdamente enamorados, en situaciones ridículas, convertidos en grotescas estrellas de un firmamento disparatado.

Y en otras ocasiones, cuando se recurre a los mitos dentro de una poesía más seria, son simplemente un paso más en el proceso de las comparaciones. Citar un mito era inscribirse en una tradición literaria, y había que hacerlo. Pero también de una forma nueva, inesperada, sorprendente, ingeniosa.

Los monstruos barrocos

Para decirlo de una vez, y de una forma muy barroca, el Barroco halla su coherencia estética en sus continuas contradicciones. La contradicción inunda los textos, las actitudes e incluso la vida de los hombres barrocos, como hemos visto al detenernos en las de nuestros tres poetas. Son más clásicos que los clásicos, pues imitan su tono y se apropian de sus temas. Pero son también enormemente anticlásicos, al hacerlo de una forma exagerada, con una crispación que les vino impuesta, quizá, por la inseguridad social y económica a que estaban constantemente sometidos.

Pongamos algunos ejemplos. Los tratados clásicos que circulaban por Europa en la época aconsejaban al artista y al escritor ayudarse, para elaborar sus obras, de la naturaleza. La naturaleza era el espejo en que mirarse. Había que tener un huertecillo en algún sitio y retirarse allí a regar las flores. Pues bien, Lope canta en un poema extenso a su huerto, pero lo describe devastado por una tormenta increíble: *Huerto deshecho,* se titula. ¿No es eso un canto a la naturaleza? Lo que pasa es que el poeta busca en la naturaleza el momento excepcional. La naturaleza, afirman muchos, produce también monstruos. Y el genio del escritor se concibe como algo monstruoso. Sólo de este modo puede entenderse la fertilidad literaria de Quevedo, o la mucho mayor de Lope (al que sus admiradores llamaban «monstruo de la naturaleza»), que ya roza el despropósito, como hemos visto.

El escritor barroco se dedica, entonces, a crear monstruos. Y luego aborrece de ellos. Todos consideran que la dificultad es necesaria en un texto, y se empeñan en dar a su sintaxis un aire latino que engrandezca el castellano. Pero Góngora lleva esas teorías al paroxismo y compone sus *Soledades,* un poema que se salta todas las reglas de composición poética (sobre todo la tan citada entonces como desoída de la mesura, la armonía, el equilibrio, etc.), y que hay que leer con sumo cuidado, si es que se pretende comprender algo. Se levantan innumerables voces que lo acusan de «oscuro». Ser difícil, dicen, es bueno, pero ser oscuro es una aberración. El poema es monstruoso, afirman los unos para repudiarlo. El poema es monstruoso, afirman los otros para enaltecerlo. En el fondo todos coinciden. Todos lo amaron y lo odiaron a un mismo tiempo. El propio Góngora fue el que más daño hizo a las *Soledades,* decidiendo, por las razones que fueran, no concluirlas, dejarlas incompletas, más monstruosas aún.

Junto a la naturaleza, enfrentado a ella, sufriendo sus diluvios, sus ciclones, su eterna condena a la vejez y a la muerte, aparece el individuo. Frente al poema, colándose por los resquicios de los versos, aparece el escritor. Sólo así se puede entender la obsesión que todos tienen de introducir datos autobiográficos en sus textos. Uno de los monstruos más indescriptibles de Lope es su «novela» dialogada y salpicada de innumerables poemas: *La Dorotea*, escrita con un lenguaje considerablemente rebuscado. Pues bien, en ella refleja los verdaderos amoríos que vivió, entremezclándolos y cargándolos de literatura. Es al tiempo un acto de sinceridad y un artificialísimo proyecto literario. Las dos cosas a la vez, inseparablemente.

Literatura y vida

Pero Lope no es el único escritor que va repasando su vida con su obra (aunque él lo haga tan descaradamente, colándose como personaje de sus obras, buscándose nombre de pastor para sus romances pastoriles, nombre moro para los moriscos, y luego, al revés, disfrazándose de joven licenciado y poeta cuando es un viejo sacerdote): Góngora se ríe de sí mismo cuando le dejan plantados los duques a los que adulaba; protesta por los favores que no le llegan, o invoca a las musas para que no le permitan holgar y lo ayuden a escribir versos más a menudo. En cuanto a Quevedo, por poner un ejemplo muy en su línea, se recrea en sus últimos poemas y cartas con la descripción de su cuerpo tomado por la enfermedad, que lo estaba llevando rápidamente a la muerte.

Unas cartas muy poco íntimas

Hay que señalar que la mayoría de las cartas que se pueden leer de los tres escritores no son cartas íntimas. Por entonces el género epistolar era muy respetado. Todo el mundo leía las cartas que se editaban de Séneca, de Plinio el Joven, de autores latinos que las escribieron con el afán de que perduraran. No es de extrañar que ese mismo afán lo retomaran con tanto ahínco los escritores barrocos. En el fondo de su alma debían de pensar que algún día, tras su muerte, esas cartas serían publicadas. Pero entendámonos: no son cartas íntimas, mas tampoco son cartas falsas. Son literatura barroca. Así que cuando cualquiera de los tres afirma en sus cartas que se halla muy entretenido regando su huertecillo, debemos creerles y no creerles. Están dando una imagen de sí mismos como eruditos clásicos. Y en cierto modo, lo eran, aunque no supieran griego (como casi nadie en esa época en España). En fin, es posible que, llevados por su apasionamiento clásico, regaran de verdad el dichoso huertecillo, finalmente. Pero, de cualquier forma, hay que tener en cuenta que tras la imagen que los poetas, incluido Lope, dan de sí mismos en sus obras, en sus poemas, hay un intento de creación de un personaje literario (más que un intrascendente juego de pistas autobiográficas). Convierten su vida en literatura; deforman su propia imagen con fines que responden a criterios principalmente poéticos.

Injertar perales con manzanos

Pero prosigamos con los monstruos barrocos. Uno de los más maravillosos fue la comedia. Hay que señalar que su creación fue espontánea, aunque no un invento repentino. Las comedias que escribió Lope no hubieran sido posibles sin la existencia de obras como *La Celestina,* que tanto le influyó, o sin todo el teatro renacentista y prerrenacentista, que ahora llamamos prelopesco y que tomaba sus influencias, por un lado, de la comedia latina; por otro, de los espectáculos populares, y, por otro más, de las ceremonias religiosas. Lope lo único que hizo (que no es poco) fue crearse un modelo abierto que le permitía mezclar asuntos cómicos con otros trágicos sin muchos esfuerzos. Lo malo es que ya circulaba por España el texto fragmentario de la *Poética* de Aristóteles, en el que el filósofo separaba claramente el género trágico del cómico. Los eruditos se dedicaron a descalificar las mañas de Lope, que tuvo que defenderse con su *Arte nuevo de hacer comedias,* un poema didáctico en el que, entre otras cosas, daba consejos para cautivar al público. Pero la más ingeniosa defensa de la comedia lopesca como monstruo la hizo su discípulo Tirso de Molina, que vino a decir en cierta ocasión que escribir tragicomedias, es decir, mezclar asuntos trágicos con cómicos, era como injertar perales con manzanos para obtener un curioso y nuevo fruto: es una comparación estupenda, que nos muestra, además, cómo se concebía por entonces la vieja idea de la naturaleza como inspiradora de la literatura.

Y esa idea del injerto puede aplicarse fácilmente a la definición de la poesía barroca, en la que a veces lo clásico resulta nuevo, o el castellano se parece al latín, o el tópico sorprende; en la que la belleza se estudia observando una calavera y la vida se muestra como sucesión de muertes; en la que la oración y el insulto son igual de profundos y mediados. Veremos todo esto en detalle, siempre desde un enfoque temático, en las claves que se dan al comienzo de cada apartado.

PARA LEER MÁS

VARIOS AUTORES: *Tiempo y caída: temas de la poesía barroca española,* Barcelona, Quaderns Crema, 1994; selección e introducción de Ramón Andrés.

Es una antología, organizada también temáticamente, que incluye poemas de muchos poetas barrocos, entre ellos los que nos ocupan. La introducción se detiene en analizar las bases filosóficas y científicas que llevaron a cultivar tales temas a los poetas de la época.

VARIOS AUTORES: *Poesía de la Edad de Oro: Barroco* (vol. II), Castalia, Madrid, 1984; ed. de J. M. Blecua.

Otra antología que incluye a varios autores, a partir de los cuales se ordenan los poemas. Resulta especialmente ilustrativa la introducción, escrita, además, con gran claridad expositiva.

GÓNGORA, Luis de: *Antología poética,* Madrid, Castalia, 1986; ed. de A. Carreira.

Incluye el «Polifemo», la «Soledad primera» (con una prosificación) y la «Fábula de Píramo y Tisbe». Destaca, en las notas, la explicación de los elementos que en los poemas remiten a la cultura clásica.

VEGA, Lope de: *Poesía selecta,* Madrid, Cátedra, 1984; ed. de A. Carreño.

Incluye una extensa selección de poemas, tomados de entre todas sus obras (también algunos dispersos en obras en prosa y comedias).

QUEVEDO, Francisco de: *Poesía varia,* Madrid, Cátedra, 1994; ed. de J. O. Crosby.

Dispone los poemas según la clasificación por géneros que González de Salas hizo a partir de la voluntad de Quevedo. En algunos casos significativos da, junto a las versiones más difundidas, otras primitivas o revisadas. Otro de los muchos valores se encuentra en la sencillez con que explican las notas el significado de bastantes versos complicados.

LYNCH, John: *Historia de España: Los austrias (1598-1700),* Barcelona, Crítica, 1993; traducción de J. Faci.

Todo un recorrido por la España de Felipe III y de Felipe IV (incluye también el reinado de Carlos II), en el que se analizan a fondo las causas del malestar social y las crisis económicas, así como los sucesos políticos internos y la relación de España con Europa y con las colonias americanas.

DELEITO Y PIÑUELA, José: *La mala vida en la España de Felipe IV,* Madrid, Alianza, 1987.

Con un tono humorísticamente escandalizado, el autor nos descubre muchos aspectos sorprendentes de las formas de vida en la corte y en otras ciudades importantes, basándose a menudo en el relato que con asombro hacían los viajeros extranjeros a España.

HORACIO: *Odas y Epodos,* Madrid, Cátedra, 1990; traducción de M. Fernández-Galiano; introducción de V. Cristóbal.

Horacio es el poeta ideal para comenzar a leer poesía latina. La huella de su obra en la literatura española (muy intensa en el Barroco) puede apreciarse claramente desde la primera lectura. En sus versos está ya gran parte de los temas que se tratan en esta antología. El texto es bilingüe, y la traducción, rítmica, magnífica. Cada poema va precedido de una introducción que aclara el contenido del texto y su influencia posterior (con especial atención a la recepción española).

ANTES DE EMPEZAR

Es posible que un poema de la calidad de los que se encuentran aquí agrupados necesite al menos de dos lecturas sucesivas: una detenida en la que vayamos descifrando su significado y otra más relajada en la que incorporemos plenamente la música. El asombro suele ser creciente, y resulta así también cuando se vuelve sobre ellos al cabo del tiempo, incluso cuando se han retenido en la memoria los versos. Entre tanto ha cambiado, por poco que sea, el fugitivo lector.

La lectura de la poesía concebida como la de la novela (desde la primera página hacia delante, sin levantar los ojos) es desaconsejable: acaba con la saturación del lector. Leer un poema se parece más a mirar un cuadro: es posible recorrerlo en la lectura, reparar en los detalles, saborear el valor individual y el sonido de cada verso. En un texto como éste el índice es un elemento imprescindible para la lectura. El lector puede, utilizándolo, dirigir su atención hacia los temas o motivos concretos. Y después dejar tranquilamente el texto, alternándolo con otras lecturas, por ejemplo. Leer así, claro, es inhabitual en una época en la que predomina la lectura de novelas y relatos breves o de periódicos (estos ya apenas hojeados): de textos sobre los que no hay que volver en el recorrido. Es inhabitual, pero no es nada complicado.

Para quienes, ante un poema concreto, no encuentren forma alguna de interpretarlo, ni consideren suficiente dejarse llevar por su música, o para los que no hayan descubierto aún el placer de interrumpir la lectura y buscar palabras en los diccionarios, cada poema va precedido de una glosa que intenta describir su contenido. Quizá puedan leerse entre esas dos lecturas propuestas. Ni que decir tiene que estas glosas no son literatura. En ellas se ha preferido, antes que dejar obstáculos para estos lectores, explicar cosas que a muchos parecerán evidentes, o incluso aceptar el riesgo de equivocarse al describir versos erróneamente (pero casi siempre apoyando la interpretación en las lecturas de prestigiosos editores). No será necesario pedir, a los lectores que utilicen estas ayudas, que no acepten totalmente la interpretación que se transmite aun en el caso improbable de que pareciera irrefutable. En el fondo hay más.

Se han agrupado los poemas en grandes apartados temáticos, y luego, dentro de estos apartados, por motivos. Cada apartado temático se abre con unas claves de lectura y un breve acercamiento al tema que ilustran los poemas. Es indudable que hay muchos más temas y más motivos, pero no cabían en una obra de pretensiones didácticas; también, que poemas que se hallan en un apartado o motivo podrían estar en otro: la poesía barroca evita en muchas ocasiones la simplicidad de un único tema (hay ejemplos de Góngora desesperantes). Con estas salvedades, es posible que una lectura temática de los tres maestros barrocos resulte sumamente provechosa para quien se acerque por primera vez a nuestra poesía clásica, incluso para quien la conozca a fondo, pues permite, entre otras cosas, compararlos y extraer juicios sobre lo común y lo distinto de su concepción poética, además de acercarnos de una manera precisa a una concepción global de la época.

El poeta inglés Robert Graves definió los síntomas que indican a un lector que se halla ante un verdadero poema: los pelos se erizan, los ojos se

*humedecen, la garganta se contrae, la piel hormi-
guea y la espina dorsal se estremece. Es el mo-
mento de probar a encontrar uno de ellos.*

*Para la edición se han seguido principalmente
los siguientes textos (que pueden ser también lec-
tura aconsejable para el lector insatisfecho):*

GÓNGORA, Luis de: *Sonetos completos,* Madrid,
Castalia, 1983; ed. de B. Ciplijauskaité.
——, *Letrillas,* Madrid, Castalia, 1991; ed. de R.
Jammes.
——, *Romances,* Madrid, Cátedra, 1982; ed. de
Antonio Carreño.
——, *Canciones y otros poemas en arte mayor,*
Madrid, Espasa-Calpe, 1990; ed. de José María
Micó.
——, *Antología poética,* Madrid, Castalia, 1986;
ed. de Antonio Carreira.

VEGA, Lope de: *Obras poéticas,* Barcelona, Plane-
ta, 1989; ed. de J. M. Blecua.
——, *Poesía selecta,* Madrid, Cátedra, 1984; ed. de
A. Carreño.
——, *Poesías líricas* (2 vol.), Madrid, Espasa-Cal-
pe, 1963; ed. de J. F. Montesinos.

QUEVEDO, Francisco de: *Poesía varia,* Madrid,
Cátedra, 1994; ed. de J. O. Crosby.
——, *Poesía original completa,* Barcelona, Planeta,
1983; ed. de J. M. Blecua.

ANTOLOGÍA TEMÁTICA

I. AMOR TIRANO

*H*AY quien sostiene que el amor lo inventaron los trovadores del sur de Francia en el siglo XII y, tras ponerlo de moda, lo divulgaron por las cortes europeas con un éxito sorprendente. Lo cierto es que entonces se estableció un tipo de relación sentimental entre el hombre y la mujer de la que no es posible encontrar muchos precedentes y que, sin embargo, posee en sus modos varias de las características que hoy mantiene la concepción de ese sentimiento. Según esa forma de amor, el amor cortés, una dama casada aceptaba el cortejo de un trovador, que la adulaba en sus canciones y pretendía (según cuentan, las más de las veces en vano) lograr de ella favores más o menos osados. Además de aquel tipo de cortejo, se difundieron también los modos de componer poesía, y con ellos varias imágenes tópicas que permanecerán todavía en la poesía amorosa barroca.

Uno de estos tópicos es la visión del amor como enfermedad (n.º 2, de Quevedo), algo que fue apoyado en la época por ciertas teorías médicas. En la expresión extrema del Barroco, esta enfermedad amenaza con la muerte, como sentencia Góngora al final de un poema (n.º 1).

En la misma línea se halla la idea del amor como provocador de la locura del hombre, de su enajenación, que describe meticulosamente Lope (n.ᵒˢ 4 y 6).

Otro recurso común se refleja en la imagen de la hermosura de la amada como dominadora de la naturaleza (ver, además del n.º 3 de Góngora, el motivo «La amada sobre la naturaleza» en el apartado «II. La amada»).

La idea de la prolongación del amor en el tiempo se encuentra ya en la obra del italiano Petrarca, quien va recordando, a través de varios poemas, los años que lleva amando a su Laura. Quevedo (n.º 7) transmite la idea extremándola: el amor persistiendo en el polvo, en las cenizas del cadáver del enamorado.

Y, como en todo, el reverso. En un poema de Góngora (n.º 9) podemos ver un ejemplo de burla barroca de la descripción iconográfica del dios Amor, que alcanza también a muchos de los tópicos amorosos que él mismo usaba.

En cuanto al romance que cierra el apartado (n.º 10), también de Góngora, recordaremos que con él dio comienzo el género de romances de cautivos, seguido luego por muchos poetas.

* * *

ENFERMEDAD DE AMOR
I, 1

*G*ÓNGORA. Soneto. Relata los pasos de un caminante, perdido y enfermo, en la noche [vv. 1 a 6]; su llegada a un albergue de pastores, donde lo acogen [vv. 7 a 8], y cómo al amanecer le sorprende el amor repentino hacia una mujer bella [estr. 3.ª]. Afirma que ese amor le costará al viajero la vida, y se confiesa en su misma situación [estr. 4.ª].

DE UN CAMINANTE ENFERMO QUE
SE ENAMORÓ DONDE FUE HOSPEDADO

Descaminado, enfermo, peregrino
en tenebrosa noche, con pie incierto
la confusión pisando del desierto,
voces en vano dio, pasos sin tino.

5   Repetido latir[1], si no vecino
distincto[2], oyó de can siempre despierto,
y en pastoral albergue mal cubierto
piedad halló, si no halló camino.

Salió el sol, y entre armiños[3] escondida,
10 soñolienta beldad con dulce saña
salteó al no bien sano pasajero.

Pagará el hospedaje con la vida;
más le valiera errar en la montaña,
que morir de la suerte que yo muero.

I, 2

Q UEVEDO. Soneto. Describe los padecimiento de su cuerpo y de su espíritu ante el amor, afirmando que se trata de una herida en lo más recogido *(claustros)* del alma, que consume su vida alimentándose de ella, como un fuego interno y destructivo [estr. 1.ª]. Explica que la vida enferma de sed *(hidrópica)* a causa de ese incendio; tanto, que su

---

[1] *latir:* ladrar.
[2] *distincto:* distinguido, claro.
[3] *entre armiños:* alude a la blancura de la piel de la mujer (semejante a la de los armiños), o quizá a la ropa de cama que la cubría.

fuerza *(luz)* vital se debilita, como reducida a una ceniza descolorida y débil *(macilenta)* [estr. 2.ª]. Afirma que, por ello, se ha vuelto esquivo y triste; añade la tópica imagen del llanto convertido en río [estr. 3.ª], y que se ha abandonado, en sus poemas, a la tristeza, inmerso en el asombro y la confusión [estr. 4.ª].

PERSEVERA EN LA EXAGERACIÓN DE SU AFECTO AMOROSO Y EN EL EXCESO DE SU PADECER

En los claustros de l'alma[4] la herida
yace callada; mas consume, hambrienta,
la vida, que en mis venas alimenta
llama por las medulas extendida.

5   Bebe el ardor, hidrópica[5], mi vida,
que ya, ceniza amante y macilenta,
cadáver del incendio hermoso, ostenta
su luz en humo y noche fallecida.

La gente esquivo y me es horror el día;
10   dilato en largas voces negro llanto,
que a sordo mar mi ardiente pena envía.

A los suspiros di la voz del canto;
la confusión inunda l'alma mía;
mi corazón es reino del espanto.

---

[4] *l'alma:* «la alma», el alma (tambien en verso 13).
[5] *hidrópica:* literalmente, enferma de agua. Se utiliza para organismos que poseen abundancia patológica de líquidos. Aquí: enferma de sed.

I.3

GÓNGORA. Soneto. Se dirige a su amada. Primero se refiere al dios Amor (al que se representa en la iconografía clásica con alas), y afirma que ya cuando recién nacido (en el *nido:* alude a la dama cuando era niña) atrapó al poeta, por lo que no es extraño que ahora, armado (con arco y flechas) y desnudo (como se lo representaba también: alude a la dama ya joven) vuelva a hacerlo, desde los *ojos* de la amada [estr. 1.ª]. Después indica que una serpiente le ha mordido (antiquísima imagen poética del amor repentino) dos veces: una, escondida *entre violetas* (cuando la amada era niña, por ser las violetas más pequeñas) y otra ahora, escondida entre lirios (*lilios;* cuando la amada es ya joven, por ser los lirios mas grandes) [estr. 2.ª]. Señala que la fuerza de la seducción de la amada era igual en la infancia *(siendo aurora)* que en su juventud (*como sol bien nacido:* es decir, pasado ya algún tiempo del amanecer) [estr. 3.ª]. Por último, habla de su amor como prisión y de la belleza de su amada, semejante al sol y dominadora de la naturaleza [estr. 4.ª].

> Si Amor entre las plumas de su nido
> prendió mi libertad, ¿qué hará ahora,
> que en tus ojos, dulcísima señora,
> armado vuela, ya que no vestido?
>
> 5 Entre las violetas fui herido
> del áspid que hoy entre los lilios mora;
> igual fuerza tenías siendo aurora,
> que ya como sol tienes bien nacido.
>
> Saludaré tu luz con voz doliente,
> 10 cual tierno ruiseñor en prisión dura
> despide quejas, pero dulcemente.

Diré cómo de rayos vi tu frente
coronada, y que hace tu hermosura
cantar las aves, y llorar la gente.

LOCURA DE AMOR
I, 4

L OPE. Soneto. Define el amor como la unión de acciones
y sentimientos opuestos [vv. 1 a 2], y lo compara con
situaciones angustiosas y de enajenación, enumerándolas
[vv. 3 a 14].

Ir y quedarse, y con quedar partirse,
partir sin alma, y ir con alma ajena,
oír la dulce voz de una sirena
y no poder del árbol desasirse⁶;

5   arder como la vela y consumirse
haciendo torres sobre tierna arena⁷;
caer de un cielo, y ser demonio en pena,
y de serlo jamás arrepentirse;

hablar entre las mudas soledades,
10 pedir prestada, sobre fe, paciencia,
y lo que es temporal llamar eterno;

creer sospechas y negar verdades,
es lo que llaman en el mundo ausencia,
fuego en el alma y en la vida infierno.

---

⁶ Ulises se ató al palo de madera *(árbol)* del barco para escuchar el
canto de las sirenas (que atraía irresistiblemente a los navegantes, para
que sus barcos se hundieran en los escollos) y pidió a sus marineros que
no lo desataran aunque se lo suplicara (como luego hizo).

⁷ *torres sobre arena:* ilusiones ante proyectos irrealizables.

I. 5

Q UEVEDO. Soneto. Evoca sus peleas con las imaginacio-
nes que le provoca el amor, que, como un duende
maligno, revoltoso y molesto *(trasgo)*, se burla de él,
tanto en el sueño como en la vigilia [estr. 1.ª]; o lo esquiva *(se
desvía)* en sus intentos de apresarlo, y le provoca dolorosas
manías *(temas)* de amor [estr. 2.ª]. Relata cómo intenta vengar-
se en una imagen falsa creada por el trasgo (quizá la imagen
poéticamente idealizada de la amada), que obsesivamente se le
presenta y huye cuando quiere atraparla [estr. 3.ª]. Finalmente,
describe su persecución de la imagen, y cómo, fatigado y frus-
trado, llora por no poder alcanzarla [estr. 4.ª].

A fugitivas sombras doy abrazos;
en los sueños se cansa el alma mía;
paso luchando a solas noche y día
con un trasgo que traigo entre mis brazos.

5   Cuando le quiero más ceñir con lazos
y, viendo mi sudor, se me desvía,
vuelvo con nueva fuerza a mi porfía,
y temas con amor me hacen pedazos.

Voyme a vengar en una imagen vana
10   que no se aparta de los ojos míos;
búrlame, y de burlarme corre ufana.

Empiézola a seguir, fáltanme bríos;
y, como de alcanzarla tengo gana,
hago correr tras ella el llanto en ríos.

I. 6

*L*OPE. Soneto. Define el amor enumerando parejas de sentimientos y estados de ánimo contrarios o paradójicos, entre otras actitudes de enajenamiento que provoca en el enamorado.

Desmayarse, atreverse, estar furioso,
áspero, tierno, liberal[8], esquivo,
alentado, mortal, difunto, vivo,
leal, traidor, cobarde y animoso;

5   no hallar fuera del bien centro y reposo,
mostrarse alegre, triste, humilde, altivo,
enojado, valiente, fugitivo,
satisfecho, ofendido, receloso;

hüir el rostro al claro desengaño,
10 beber veneno por licor süave,
olvidar el provecho, amar el daño;

creer que un cielo en un infierno cabe,
dar la vida y el alma a un desengaño:
esto es amor: quien lo probó lo sabe.

---

[8] *liberal:* como opuesto a *esquivo;* generoso, abierto.

AMOR ETERNO
I. 7

Q UEVEDO. Soneto. Comenta que la muerte *(postrera sombra),* en el día feliz en que llegue *(blanco día, hora lisonjera),* cerrará sus ojos y separará *(desatar)* su alma del cuerpo [estr. 1.ª], pese a lo cual, el alma no perderá la memoria al cruzar el río del olvido (el Leteo, del que, en la mitología clásica, una *ley severa* obligaba a beber a las almas de los muertos para olvidar), puesto que su ardiente amor *(llama)* no se extinguirá con el agua [estr. 2.ª]. Predice que su alma, apresada por el dios Amor, dejará su cuerpo y no sus penas amorosas *(cuidado)* [vv. 9 y 12]; que sus venas, que daban alimento *(humor)* a su pasión, se convertirán en cenizas (al ser su cuerpo incinerado) sin perder su *sentido* amoroso [vv. 10 y 13]; que las médulas de sus huesos *(medulas),* aun convertidas en polvo, permanecerán enamoradas [vv. 11 y 14].

AMOR CONSTANTE MÁS ALLÁ
DE LA MUERTE

Cerrar podrá mis ojos la postrera
sombra que me llevare el blanco día,
y podrá desatar esta alma mía
hora a su afán ansioso lisonjera;

5   mas no, de esotra⁹ parte, en la ribera,
dejará la memoria, en donde ardía:
nadar sabe mi llama la agua fría,
y perder el respeto a ley severa.

---

⁹ *esotra:* esa otra.

Alma a quien todo un dios prisión ha sido,
10   venas que humor[10] a tanto fuego han dado,
medulas que han gloriosamente ardido,

su cuerpo dejará, no su cuidado;
serán ceniza, mas tendrá sentido;
polvo serán, mas polvo enamorado.

I, 8

L OPE. Soneto. Enumera sucesos imposibles o apocalípti-
cos: la pérdida del curso de los planetas y las estrellas, la
vuelta de todo a su origen confuso [estr. 1.ª], la unión
de la pobreza y el descanso, la muerte de las almas, el fin de la
variedad creativa de la naturaleza [estr. 2.ª], la confluencia de
los caracteres *(humores)* opuestos del hombre, la luz en la no-
che, el rechazo del hombre al oro [estr. 3.ª], y la unión de los
cuatro elementos (agua, tierra, fuego, aire), cuya relación es
también de oposición. Todo eso, dice, sucederá antes de que
muera su amor [estr. 4.ª].

Perderá de los cielos la belleza
el ordinario curso, eterno y fuerte[11];
la confusión, que todo lo pervierte,
dará a las cosas la primer rudeza.

5   Juntaránse el descanso y la pobreza;
será el alma inmortal sujeta a muerte;
hará los rostros todos de una suerte,
la hermosa, en varïar, Naturaleza.

---

[10] *humor:* cualquiera de los líquidos del cuerpo (como la sangre), en
el lenguaje médico de la época.
[11] Es decir: La belleza de los cielos perderá su ordinario curso, eterno
y fuerte...

Los humores[12] del hombre, reducidos
10 a un mismo fin, se abrazarán concordes;
dará la noche luz y el oro enojos.

Y quedarán en paz eterna unidos
los elementos, hasta aquí discordes,
antes que deje de adorar tus ojos.

BURLAS DE AMOR
I, 9

*G*ÓNGORA. Romance con estribillo. Se dirige primero al amor [estr. 1.ª y 2.ª] y luego a los amantes [estr. 3.ª a 5.ª]. Invoca al amor recordando el aspecto con el que era representado en la iconografía (con los ojos vendados, disparando flechas que enferman de amor, con edad de niño y como hijo de la diosa Venus) y le solicita que deje de perseguirlo [estr. 1.ª], que le perdone; le ofrece a cambio perdonarle (como si fuera dinero en escudos de una deuda) él la paciencia y el amor que ha derrochado en el mucho tiempo durante el que ha seguido sus pasos (como un soldado los de su general) [estr. 2.ª]. Se dirige a los amantes señalándoles el error de seguir a un ciego, pretender firmeza de un pájaro, poner esperanzas en un niño, esperar premios de un pobre desnudo o piedad de un tirano como el amor [estr. 3.ª]. Recuerda que durante diez años trabajó para el amor, arando en lugares estériles y recogiendo sólo humillaciones y preocupaciones [estr. 4.ª]; también, que alzó una torre tan disparatada como la de Babel (atribuida por la tradición hebrea al soberbio rey Nemrod, *Nembroth*) y confundió la esencia de las cosas con

---

[12] *humores:* los líquidos que fluyen por el cuerpo y cuya relación de oposición configura el carácter, según la medicina de la época.

contradicciones (de ésas que los poetas petrarquistas se atribu-
yen tópicamente como amantes) [estr. 5.ª].

> Ciego que apuntas, y atinas,
> caduco dios, y rapaz,
> vendado que me has vendido,
> y niño mayor de edad,
>
> 5   por el alma de tu madre,
> —que murió, siendo inmortal,
> de envidia de mi señora—
> que no me persigas más.
>   *Déjame en paz, Amor tirano,*
> 10 *déjame en paz.*
>
> Baste el tiempo mal gastado
> que he seguido a mi pesar
> tus inquïetas banderas,
> forajido capitán.
>
> 15   Perdóname, Amor, aquí,
> pues yo te perdono allá
> cuatro escudos[13] de paciencia,
> diez de ventaja en amar.
>   *Déjame en paz, Amor tirano,*
> 20 *déjame en paz.*
>
> Amadores desdichados,
> que seguís milicia tal,
> decidme, ¿qué buena guía
> podéis de un ciego sacar?
>
> 25   De un pájaro ¿qué firmeza?
> ¿Qué esperanza de un rapaz?
> ¿Qué galardón de un desnudo?

---

[13] *escudos:* moneda de la época.

De un tirano, ¿qué piedad?
   Déjame en paz, Amor tirano,
30 *déjame en paz.*

   Diez años desperdicié,
los mejores de mi edad,
en ser labrador de Amor
a costa de mi caudal.

35   Como aré y sembré, cogí;
aré un alterado mar,
sembré en estéril arena,
cogí vergüenza y afán.
   Déjame en paz, Amor tirano,
40 *déjame en paz.*

   Una torre fabriqué
del viento en la vanidad,
mayor que la de Nembroth,
y de confusión igual.

45   Gloria llamaba a la pena,
a la cárcel libertad,
miel dulce al amargo acíbar,
principio al fin, bien al mal.
   Déjame en paz, Amor tirano,
50 *déjame en paz.*

I. 10

GÓNGORA. Romance. Narra los lamentos de un cristia-
no, remero cautivo de Dragut (pirata griego al servicio
de los turcos), al pasar su barco por el mar cercano a la
costa de Marbella *(playa)* [estr. 1.ª y 2.ª]. El forzado invoca al

mar [estr. 3.ª y 4.ª] y le pregunta por la sinceridad del afecto que su esposa le muestra en sus cartas *(letras)*, en las que le dice que llora su cautiverio haciendo caer lágrimas como perlas sobre la arena del mar (la de sus costas), la cual tendrá entonces tantas perlas como el Pacífico *(mares del Sur)* [estr. 5.ª y 6.ª]. Ante el silencio del mar, supone que su amada estará muerta *(de dolor)*, pero arguye que eso no es posible, pues él vive aún pese al sufrimiento de estar separado de ella [estr. 7.ª a 9.ª]. Interrumpe su discurso la aparición de seis galeras *(velas)* cristianas *(de la Religión)*, por lo que el vigilante de los forzados *(cómitre)* manda al cautivo esforzarse en el remo para alejar el barco del peligro [estr. 10.ª].

> Amarrado al duro banco
> de una galera turquesa,
> ambas manos en el remo
> y ambos ojos en la tierra,
>
> 5   un forzado de Dragut
> en la playa de Marbella
> se quejaba al ronco son
> del remo de la cadena:
>
> «¡Oh sagrado mar de España,
> 10 famosa playa serena,
> teatro donde se han hecho
> cien mil navales tragedias!,
>
> pues eres tú el mismo mar
> que con tus crecientes besas
> 15 las murallas de mi patria,
> coronadas y soberbias,
>
> tráeme nuevas de mi esposa,
> y dime si han sido ciertas
> las lágrimas y suspiros
> 20 que me dice por sus letras,

    porque si es verdad que llora
mi captiverio[14] en tu arena,
bien puedes al mar del Sur
vencer en lucientes perlas.

25   Dame ya, sagrado mar,
a mis demandas respuesta,
que bien puedes, si es verdad
que las aguas tienen lengua[15],

    pero, pues no me respondes,
30 sin duda alguna que es muerta,
aunque no lo debe ser,
pues que vivo yo en su ausencia.

    Pues he vivido diez años
sin libertad y sin ella,
35 siempre al remo condenado
a nadie matarán penas.»

    En esto se descubrieron
de la Religión seis velas,
y el cómitre mandó usar
40 al forzado de su fuerza.

---

[14] *captiverio:* cautiverio.
[15] *lengua:* así se llama a la orilla del mar y de los ríos.

II. LA AMADA

*L*AS damas de la poesía barroca son desdeñosas en
extremo, como no podían ser menos: Quevedo
tiembla al narrarle a la suya un sueño pecamino-
so (n.º 1); Lope evoca la altanería de la mujer bíblica
Judit cuando alza triunfante la cabeza cortada del se-
ducido Olofernes (n.º 2); y Góngora, no sin humor
(n.º 3), le regala a su dama un prado en el que ha
imaginado una víbora escondida, antes de huir de ella
como del diablo (es interesante comprobar en este poema
la ironía en la utilización paródica de los tópicos de la
poesía amorosa).

En su intento de ablandar la dureza de la amada,
los poetas barrocos no escatiman versos. Quevedo (n.º 4)
compara el poder de la mirada femenina con el veneno
de la serpiente, y pide a su amada que convierta ese
veneno en medicina (el símil, ancestral, que iguala el
enamoramiento a la peligrosa mordedura repentina de
la serpiente, parte del relato mitológico de la muerte de
Eurídice, amante de Orfeo; véase también, por ejemplo,
n.º 15 de Góngora). Lope (n.º 5) recuerda que muchos
de sus poemas tienen la función de ablandar a su ama-
da (y aprovecha para mostrar su preocupación por la
transmisión defectuosa de sus versos).

La idea de la amada cuya belleza controla la natu-
raleza (n.ºs 6, 7 y 8) parece tomada también del mito
de Orfeo. La música de este dios, extremadamente be-
lla, calmaba la ira de las fieras y dotaba de movimiento
a las piedras y los árboles. Pero el motivo se halla, más
que nada, relacionado con la idea de la aparición de la
primavera.

El cuerpo de la amada está configurado tópicamente en la poesía barroca, como se señaló en la introducción: cabello rubio (como una red de oro que atrapa al poeta; ver n.º 12, de Quevedo), piel blanca, ojos azules como el cielo (zafiros) o verdes (esmeraldas)... Poco importaba que fueran bien pocas las damas españolas con tales características. No olvidemos que escribir un poema amoroso era practicar un género literario elevado, más que profundizar en unos sentimientos íntimos. Hay en el apartado un ejemplo de Góngora en el que se usan con habilidad los recursos petrarquistas en un poema (n.º 11) de compromiso (pero no por ello menos bello). Y otro excelente de Lope (semiescondido bajo su seudónimo Tomé Burguillos, n.º 14) en el que se exponen las teorías médicas de la transmisión por los ojos de la enfermedad de amor (hay varios sonetos petrarquistas que lo hacen así), pero en una situación tan inadecuada que al cabo el propio Burguillos se burla barrocamente de su despropósito y, de paso, de la teoría.

Un curioso poema es el dedicado por Quevedo a la boca de Amarili (n.º 16). En él se da cuenta de una costumbre de las mujeres nobles de la época: comer barro, literalmente; el de los búcaros: jarros extremadamente finos de barro rojizo que se utilizaban para conservar fría el agua. Lo mordían, mascaban e ingerían, al parecer, para mantener la piel blanca (cosa que, en efecto, debían de lograr, no sin dañarse considerablemente el hígado). A veces adquirían verdadero hábito. Este vicio provocó en varias ocasiones las iras de los moralistas (del propio Quevedo, en otro poema memorable), y sabemos que los confesores imponían a las damas, para pecados mayores, la temida penitencia de no comer búcaros durante un día o dos. Se ha sugerido que, en

Las meninas *de Velázquez, la infanta Margarita, de cinco años, que se dispone a coger el búcaro que le ofrece una menina, mira hacia su madre (situada ficticiamente donde el espectador cuando observa el cuadro) con miedo a que la reprenda por comer barro.*

El apartado se cierra con dos poemas en los que vemos a la amada llorando ante la partida de su amante (n.ᵒˢ 17 y 18).

* * *

TIRANÍA DE LA AMADA
II. 1

QUEVEDO. Soneto. Se dirige a su amada Floralba. Duda, pero decide finalmente narrarle un sueño en el que gozaba de su amor, pues es sólo sueño y sólo en él podría haber ocurrido la unión de su ser atormentado con el bello ser de su amada [estr. 1.ª]. Describe cómo Amor (la divinidad), del mismo modo que mezcla en su aljaba distintas flechas (las que provocan el amor con las que provocan el desdén, que también usa), mezcló el ardor suyo con la frialdad de su amada, y lo hizo con la misma honestidad con que el poeta valoraba su labor *(su desvelo)* [estr. 2.ª]. Recuerda su deseo de permanecer siempre en ese estado, sin saber si era sueño o vigilia [estr. 3.ª], pero afirma que despertó y el fin de su sueño le pareció el fin de su vida [estr. 4.ª].

AMANTE AGRADECIDO A LAS LISONJAS
MENTIROSAS DE UN SUEÑO

¡Ay, Floralba! Soñé que te... ¿Dirélo?
Sí, pues que sueño fue: que te gozaba.
¿Y quién, sino un amante que soñaba,
juntara tanto infierno a tanto cielo?

5   Mis llamas con tu nieve y con tu yelo[16],
cual suele opuestas flechas de su aljaba,
mezclaba Amor, y honesto las mezclaba
como mi adoración en su desvelo.

Y dije: «Quiera Amor, quiera mi suerte,
10 que nunca duerma yo, si estoy despierto,
y que si duermo, que jamás despierte.»

Mas desperté del dulce desconcierto;
y vi que estuve vivo con la muerte,
y vi que con la vida estaba muerto.

II. 2

L OPE. Reconstruye una escena inmediatamente posterior
a la muerte del general asirio Olofernes, decapitado a
manos de la viuda hebrea Judit (que le había hecho
creer su amor para matarlo, una vez borracho), durante el ase-
dio de las tropas del primero a la ciudad hebrea de Betulia.
Describe la escena partiendo de la cama y el hombro del
cadáver de Olofernes, del que nos dice que al cercar la ciudad
hebrea ofendió al cielo y por tanto se hirió a sí mismo [estr.
1.ª]. Señala cómo el cadáver aún tiene aferradas en su mano

---

[16] *yelo:* hielo.

izquierda las colgaduras de adorno de la cama *(pabellón)* ensangrentadas. Continúa con todo el cuerpo muerto *(convertido en hielo)* y decapitado [estr. 2.ª]; cerca de él, la armadura, con el vino *(Baco,* dios del vino) derramado sobre ella, entre vasos y una mesa caída; ya fuera, los guardias *(las guardas)* están durmiendo por orden irresponsable del propio Olofernes *(las guardas que tan mal emplea)* [estr. 3.ª], y al fondo, sobre la muralla que domina el campamento, Judit sosteniendo *(armada con)* la cabeza del general [estr. 4.ª].

AL TRIUNFO DE JUDIT

Cuelga sangriento de la cama al suelo
el hombro diestro del feroz tirano,
que opuesto al muro de Betulia en vano,
despidió contra sí rayos al cielo.

5   Revuelto con el ansia el rojo velo
del pabellón a la siniestra mano,
descubre el espectáculo inhumano
del tronco horrible, convertido en hielo.

Vertido Baco, el fuerte arnés afea
10 los vasos y la mesa derribada,
duermen las guardas, que tan mal emplea;

y sobre la muralla coronada
del pueblo de Israel, la casta hebrea
con la cabeza resplandece armada.

II. 3

GÓNGORA. Soneto. Compara el arrepentimiento de una nave al llegar a la playa tras quedar destrozada por las rocas, o el temor de un pájaro volando hacia la espesura del bosque tras escapar de una red [estr. 1.ª], o el alboroto de la huida *(hurtó la planta)* de una Ninfa (diosa del bosque) al encontrar una víbora entre la hierba *(verdura)* del prado [estr. 2.ª], con su propio estado al escapar tras liberarse *(con pie desatado)* del desdén *(condición airada)*, del cabello rubio y los ojos *(vista)* bellos [estr. 3.ª] de su amada *(enemiga)*, cuya belleza ha celebrado en vano (en sus poemas). Se despide de su antiguo amor y aconseja a la roca, la red y el prado que se queden con ella [estr. 4.ª].

> No destrozada nave en roca dura
> tocó la playa más arrepentida,
> ni pajarillo de la red tendida
> voló más temeroso a la espesura;
>
> 5   bella ninfa la planta mal segura
> no tan alborotada ni afligida
> hurtó de verde prado, que escondida
> víbora regalaba en su verdura,
>
> como yo, Amor, la condición airada,
> 10 las rubias trenzas y la vista bella
> huyendo voy, con pie ya desatado,
>
> de mi enemiga en vano celebrada.
> Adiós, ninfa crüel; quedaos con ella,
> dura roca, red de oro, alegre prado.

ABLANDAR LA DUREZA
II. 4

QUEVEDO. Soneto. Se dirige a Lisi, mostrándole una
víbora muerta a la que le han extraído el veneno para
usarlo como medicina. Afirma (con palabras que re-
cuerdan el movimiento curvilíneo de la serpiente) que la víbora,
cuando viva *(enlazada),* amenazaba *(peligros anudó)* la vida,
como un arco capaz de dispararse o una flecha viviente [estr.
1.ª], pero que hoy, muerta y extraído su veneno *(desatada),* ha
cambiado, y resulta capaz de curar las heridas que provocaba
(su veneno se utiliza como medicina) [estr. 2.ª]. Puesto que la
mirada de Lisi provoca del mismo modo su muerte, le pide que
reduzca su veneno aprendiendo de la víbora [estr. 3.ª y 4.ª].

EXHORTA A LISI A EFECTOS SEMEJANTES
DE LA VÍBORA

Esta víbora ardiente, que, enlazada,
peligros anudó de nuestra vida,
lúbrica muerte en círculos torcida,
arco que se vibró, flecha animada,

5   hoy, de médica mano desatada,
la que en sedienta arena fue temida,
su diente contradice, y la herida
que ardiente derramó, cura templada.

Pues tus ojos también con muerte hermosa
10 miran, Lisi, al rendido pecho mío,
templa tal vez su fuerza venenosa;

desmiente tu veneno ardiente y frío;
aprende de una sierpe ponzoñosa:
que no es menos dañoso tu desvío.

II. 5

L OPE. Soneto. Se dirige a sus versos de amor. Los invoca asegurando que nacieron de sus preocupaciones amorosas *(cuidados)* más que de su propio albedrío [estr. 1.ª]. Estos versos, expuestos *(expósitos),* fueron cambiados por otras manos, de tal forma que sólo él mismo los podría reconocer [estr. 2.ª]. Ya que reproducen en· sus palabras, como hurtándolos, motivos de la mitología (como el laberinto que Minos mandó construir en Creta para esconder al Minotauro; o los pensamientos del inteligente Dédalo, inventor ateniense y constructor del laberinto; o el fuego del infierno) [estr. 3.ª], les pide que, si su destinataria (es decir, su amada, a la que llama *áspid hermoso* por el veneno de su amor) no los acepta *(aceta),* se pierdan en el viento, con lo que volverán al sitio de donde parten (pues están construidos a partir de la ficción, intangible como el viento) [estr. 4.ª].

> Versos de amor, conceptos esparcidos,
> engendrados del alma en mis cuidados;
> partos de mis sentidos abrasados,
> con más dolor que libertad nacidos;
>
> 5   expósitos al mundo, en que, perdidos,
> tan rotos anduvistes y trocados,
> que sólo donde fuistes engendrados
> fuérades[17] por la sangre conocidos;
>
>   pues que le hurtáis el laberinto a Creta,
> 10 a Dédalo los altos pensamientos,
> la furia al mar, las llamas al abismo,
>
>   si aquel áspid hermoso no os aceta,
> dejad la tierra, entretened los vientos:
> descansaréis en vuestro centro mismo.

---

[17] *anduvistes, fuistes, fuérades:* anduvisteis, fuisteis, fuerais.

LA AMADA SOBRE LA NATURALEZA
II. 6

GÓNGORA. Soneto. Se dirige al sol. Le pide que, en pos de la llegada de la aurora, amanezca tras el monte [estr. 1.ª], que favorezca a Favonio (el suave viento primaveral) y Flora (la primavera, amante de Favonio) con su calor y su luz, dando tonos de plata (argentándola) a la superficie del mar y dorando el campo [estr. 2.ª], para que así salga al campo la bella dama Flérida y ello provoque que en la vega, ahora lisa, se alcen las flores (como bordadas por la dama); pero añade que, si esto último no ocurriera [estr. 3.ª], no haga ninguna de las cosas que ha pedido [estr. 4.ª].

> Raya, dorado Sol, orna y colora
> del alto monte la lozana cumbre;
> sigue con agradable mansedumbre
> el rojo paso de la blanca Aurora;
>
> 5   suelta las riendas a Favonio y Flora,
> y usando, al esparcir tu nueva lumbre,
> tu generoso oficio y real costumbre,
> el mar argenta, las campañas dora,
>
> para que desta[18] vega el campo raso
> 10 borde saliendo Flérida de flores[19];
> mas si no hubiere de salir acaso,
>
> ni el monte rayes, ornes, ni colores,
> ni sigas de la Aurora el rojo paso,
> ni el mar argentes, ni los campos dores.

---

[18] *desta:* de esta.
[19] Es decir: para que Flora, saliendo, borde de flores el campo raso de esta vega.

II. 7

QUEVEDO. Soneto. Se dirige a la bella Doris. Constata que al salir Doris despertó la naturaleza, como si estuviera amaneciendo y saliera la aurora [estr. 1.ª y 2.ª]. La luz de sus ojos confundió al sol y el fulgor de sus cabellos rubios le provocó envidia [estr. 3.ª y 4.ª].

Saliste, Doris bella, y florecieron
los campos secos que tus pies pisaron;
las fuentes y las aves te cantaron,
que por la blanca Aurora te tuvieron.

5   Cuantas cosas miraste se encendieron;
cuantas peñas tocaste se ablandaron;
las aguas de Pisuerga se pararon
y aprendieron a amar cuando te vieron.

El sol dorado, que tus ojos vía[20],
10 dudaba si su luz o la luz dellos[21]
prestaba el resplandor al claro día.

Venciéronle sus rayos tus cabellos,
pues, con mirarlos solamente, ardía,
y de envidia y de amor muere por vellos.

[20] *vía:* veía.
[21] *dellos:* de ellos (de los ojos).

II. 8

GÓNGORA. Soneto. Describe un amanecer, con el comienzo del canto variado de las aves [estr. 1.ª y 2.ª], interrumpido por la salida de la bella Leonora, cantando ella también, de su albergue: un suceso capaz de dar vida a los elementos más inanimados de la naturaleza (*cuerpo a los vientos y a las piedras alma*) [estr. 3.ª], y que además provocó, o bien que quedara repentinamente en suspenso la actividad natural, o bien que ésta pasara de pronto desapercibida para el poeta (aturdido por la irrupción de la dama) [estr. 4.ª].

Tras la bermeja Aurora el Sol dorado
por las puertas salía del Oriente,
ella de flores la rosada frente,
él de encendidos rayos coronado.

5 Sembraban su contento o su cuidado,
cuál con [22] voz dulce, cuál con voz doliente,
las tiernas aves con la luz presente
en el fresco aire y en el verde prado,

cuando salió bastante a dar Leonora
10 cuerpo a los vientos y a las piedras alma,
cantando de su rico albergue, y luego

ni oí las aves más, ni vi la Aurora;
porque al salir, o todo quedó en calma,
o yo (que es lo más cierto), sordo y ciego.

---

[22] *cuál con*: alguna con...

CABELLOS
II. 9

Q UEVEDO. Soneto. Se dirige a Lisi. Simula que su cora-
zón, como peine (o barco), se desliza por las ondas (u
olas) del dorado pelo (o mar en tormenta) de Lisi,
cuando ella se peina [estr. 1.ª]. Compara luego su corazón con
el amante Leandro (que murió atravesando a nado el Helespon-
to, como cada noche, para ver en secreto a su amada Hero) y
con Ícaro (que murió por acercarse demasiado al sol, lo que
derritió las alas de cera creadas por su padre, el inventor
Dédalo) [estr. 2.ª]. Afirma que, una vez abrasadas, sus esperan-
zas intentan renacer, sin lograrlo, como el Fénix (ave mitológi-
ca que cuando va a morir vuela hacia el sol, en donde se abrasa, y
renace después de sus cenizas) [estr. 3.ª]. Y concluye que, por
todo, su corazón imita a Midas (quien logró del dios Baco que
se convirtiera en oro cuanto tocaba, y luego comprobó que los
alimentos también lo hacían cuando quería comer: *avaro y rico y
pobre*) y a Tántalo (castigado por Júpiter a permanecer en un río,
cuyas aguas se retiraban cuando iba a beber, y bajo un manza-
no, cuyas ramas se retiraban cuando quería comer) [estr. 4.ª].

AFECTOS VARIOS DE SU CORAZÓN
FLUCTUANDO EN LAS ONDAS
DE LOS CABELLOS DE LISI

En crespa tempestad del oro undoso[23],
nada golfos[24] de luz ardiente y pura
mi corazón, sediento de hermosura,
si el cabello deslazas generoso.

---

[23] *undoso:* con ondas, olas.
[24] *golfos:* espacios abiertos de mar (en este caso de luz; se refiere al
pelo dorado).

5   Leandro, en mar de fuego proceloso,
su amor ostenta, su vivir apura;
Ícaro, en senda de oro mal segura[25],
arde sus alas por morir glorioso.

Con pretensión de fénix, encendidas
10 sus esperanzas, que difuntas lloro,
intenta que su muerte engendre vidas.

Avaro y rico y pobre, en el tesoro,
el castigo y la hambre imita a Midas,
Tántalo en fugitiva fuente de oro.

II, 10

L OPE. Soneto. Relata su encuentro con Lucinda, tan hermosa como el sol *(Apolo)*, un día en que ella traía el cabello enlazado con un peinado nuevo, semejante a un amanecer en el que el extremo oriental del cielo por donde surge el sol *(polo)* se hubiera abierto como en una sonrisa [estr. 1.ª], cuando un golpe de viento lo desanudó e hizo que le golpeara en la cara, por lo que dialogó con Amor, sugiriéndole que cada cabello era tan dañino como la cuerda de su propio arco (el arco con que se representa a Amor o Cupido) [estr. 2.ª], a lo que respondió Amor que esta vez, al fin, atraparía al escurridizo poeta [estr. 3.ª], quien, efectivamente, se enredó en la red del pelo de Lucinda: se enamoró [estr. 4.ª].

Con nuevos lazos, como el mismo Apolo,
hallé, en cabello, a mi Lucinda un día,
tan hermosa que al cielo parecía
en la risa del alba, abriendo el polo.

---

[25] *mal segura:* insegura.

5   Vino un aire sutil, y desatólo
con blando golpe por la frente mía,
y dije a Amor que para qué tejía
mil cuerdas juntas para un arco solo.

Pero él responde: «Fugitivo mío,
10 que burlaste mis brazos, hoy aguardo
de nuevo echar prisión a tu albedrío.»

Yo, triste, que por ella muero y ardo,
la red quise romper; ¡qué desvarío!,
pues más me enredo mientras más me guardo.

II. 11

GÓNGORA. Soneto. Relata un momento en que Clori (nombre poético de doña Brianda de la Cerda, hija del marqués de Ayamonte, protector de Góngora) estaba peinándose con un peine de marfil, que no se veía *(no se parecía)* al confundirse con la blancura de su mano, mientras el sol se oscurecía bajo el destello de su pelo rubio [estr. 1.ª], y cómo, al coger lazos de su cabello, la luz despedida convirtió al sol en simple estrella frente a Clori, y a España en un planeta *(esfera)* girando alrededor de ella (alude aquí quizá a la fama de la belleza de esta dama en toda España) [estr. 2.ª]. Compara el abrirse de sus ojos con el amanecer y (tal vez refiriéndose a que la dama preparaba por entonces un viaje a México) señala que occidente espera su llegada como si esperara el avance del sol tras el amanecer [estr. 3.ª], y que también Amor desea el viaje, pues, navegando (hacia México), ella será comparable a un arpón (con que a veces, en vez de con arco y flechas, se representaba a Amor, o Cupido), y su cabello inmortal será entonces anzuelo para los mortales [estr. 4.ª].

A DOÑA BRIANDA DE LA CERDA

Al Sol peinaba Clori sus cabellos
con peine de marfil, con mano bella;
mas no se parecía[26] el peine en ella
como se oscurecía el sol en ellos.

5   Cogió sus lazos de oro, y al cogellos,
segunda mayor luz descubrió, aquélla
delante quien[27] el Sol es una estrella,
y esfera España de sus rayos bellos:

    divinos ojos, que en su dulce Oriente
10 dan luz al mundo, quitan luz al cielo,
y espera idolatrallos Occidente.

    Esto Amor solicita con su vuelo,
que en tanto mar será un arpón luciente
de la Cerda[28] inmortal, mortal anzuelo.

II. 12

QUEVEDO. Madrigal. Se dirige a Flori. Asegura que,
cuando ella recoge *(encarcela)* sus cabellos con una
redecilla de oro, la «red de oro» (sus propios cabellos
rubios, que atrapan a quien los mira) está dentro de la red de
oro (la verdadera redecilla de oro) [vv. 1 a 4]. Se asombra de
que su propia alma haya sido atrapada por la «red» (su pelo,
que al tiempo lo roba a él y lo encarcela), y afirma que por
tanto el alma se halla en realidad aprisionada por ambas redes,

---

[26] Es decir: no se veía.
[27] *aquélla delante quien:* la luz de Clori, delante de la cual...
[28] *de la Cerda:* juega con el nombre de la dama y su significado
(cerda: crin del caballo).

por lo cual él desespera de recuperarla *(cobrar)*, mientras el alma, encantada en su prisión, no desea escapar [vv. 5 a 10].

ALMA EN PRISIÓN DE ORO

Si alguna vez en lazos de oro bellos
la red, Flori, encarcela tus cabellos,
digo yo, cuando miro igual tesoro,
que está la red en red y el oro en oro.
5 Mas déjame admirado
que sea el ladrón la cárcel del robado;
y ya en dos redes presa l'alma[29] mía,
no la espero cobrar en algún día;
y ella, porque tal cárcel la posea,
10 ni espera libertad, ni la desea.

OJOS
II. 13

L OPE. Soneto. Se dirige a los ojos de su amada. Compara su brillo con el del sol, su color azul con el del cielo; se pregunta cómo es posible, siendo frío el zafiro (piedra preciosa azul y brillante), que tengan los ojos sus mismas cualidades más la del ardor [estr. 1.ª]; se pregunta también por qué al cubrirse con los párpados, simulando vergüenza, los ojos provocan un deseo capaz de acabar con el afán de lograr un amor sólo espiritual [estr. 2.ª]. Afirma que los ojos no tienen miedo a mirar, pues saben que el temor que provocan con su veneno es mayor que todos los temores imaginados por el miedo o vistos en el infierno *(el profundo)* [estr. 3.ª]. Concluye

---

[29] *l'alma:* «la alma», el alma.

asegurando que los ojos matan de amor sin conocer siquiera
qué es el amor, y considera su tiranía mayor que la de Nerón (a
quien se atribuye el incendio que destruyó Roma bajo su reina-
do), pues incendian el mundo [estr. 4.ª].

> Ojos de mayor gracia y hermosura
> que han dado envidia al sol, color al cielo,
> si es al zafiro natural el hielo,
> ¿cómo encendéis en vuestra lumbre pura?
>
> 5   ¿Por qué de la modesta compostura,
> con que os adorna de vergüenza un velo,
> nace un deseo que derriba al suelo
> lo que el amor platónico procura?
>
> Miráis, y no teméis, ojos traidores,
> 10 que con vuestros venenos fueran vanos
> cuantos el miedo halló, ni vio el profundo.
>
> Matáis de amor, y no sabéis de amores,
> seguros de veneno, y más tiranos
> que fue Nerón, pues abrasáis el mundo.

II. 14

LOPE (como Licenciado Tomé Burguillos). Soneto. Se
dirige a su amada Juana. Describe, con el lenguaje de la
medicina de la época, el amor como una enfermedad:
cómo ciertos espíritus van desde el corazón (de la amada) hasta
sus ojos por la sangre (por una vena que une a ambos), pasan a
quien simultáneamente mira (el caballero que se enamorará) a
través de la misma mirada, y llegan al nuevo corazón, al que, por
ser cuerpos extraños a su naturaleza, provocan ardores amorosos
[estr. 2.ª]. Constata que el proceso sucede, de los ojos de Juana a
los suyos, y que por ello él enferma [estr. 3.ª]. Finalmente refle-

xiona sobre lo inadecuado y engañoso de hablar de amor filosóficamente a una lavandera como Juana [estr. 4.ª].

DICE CÓMO SE ENGENDRA AMOR, HABLANDO COMO FILÓSOFO

Espíritus sanguíneos vaporosos
suben del corazón a la cabeza,
y, saliendo a los ojos, su pureza
pasan a los que miran, amorosos.

5   El corazón, opuesto, los fogosos
rayos sintiendo en la sutil belleza,
como de ajena son naturaleza,
inquiétase en ardores congojosos.

Esos puros espíritus que envía
10 tu corazón al mío, por extraños
me inquietan, como cosa que no es mía.

Mira, Juana, qué amor; mira qué engaños;
pues hablo en natural filosofía
a quien me escucha jabonando paños.

BOCAS
II. 15

GÓNGORA. Soneto. Se dirige a los amantes. Describe la boca de las amadas, que invita al beso, a gustar de la saliva que hay entre sus dientes (*humor entre perlas destilado*), semejante al néctar (bebida de los dioses) que a Júpiter le servía (*ministra*) su joven copero (Ganimedes, raptado por Júpiter cuando cazaba en el monte Ida, cerca de su ciudad natal, Troya) [estr. 1.ª]. Pide a los amantes que no toquen la boca, pues entre sus labios está el veneno de Amor como una serpiente *(sierpe)* escondida entre las flores [estr. 2.ª]. Les pide, además, que no se dejen engañar por los labios del color de la rosa, o de la aurora [estr. 3.ª], pues cuando van a ser atrapados huyen (como las ramas con manzanas bajo las que Tántalo estaba condenado a permanecer hambriento) dejando sólo su veneno de amor [estr. 4.ª].

> La dulce boca que a gustar convida
> un humor entre perlas distilado[30],
> y a no invidiar[31] aquel licor sagrado
> que a Júpiter ministra el garzón de Ida,
>
> 5   amantes, no toquéis, si queréis vida;
> porque entre un labio y otro colorado
> Amor está, de su veneno armado,
> cual entre flor y flor sierpe escondida.
>
> No os engañen las rosas, que a la Aurora
> 10 diréis que, aljofaradas y olorosas,
> se le cayeron del purpúreo seno;
>
> manzanas son de Tántalo, y no rosas,
> que después huyen del que incitan hora[32],
> y sólo del Amor queda el veneno.

---

[30] *humor:* cualquiera de los líquidos que fluyen por el cuerpo humano. Aquí, la saliva; *distilado:* destilado.

[31] *invidiar:* envidiar.

[32] *hora:* ahora. Esto último dan las versiones consultadas. Pero fuerza excesivamente la dicción del verso, obligando a la creación de un diptongo con *aho,* algo extraño en un poeta como Góngora, que parece señalar por lo general cierta pronunciación de la *h.*

II. 16

Q UEVEDO. Soneto. Se dirige, primero, a Amarili [estr. 1.ª y 2.ª], y después al búcaro del que ella ha mordido un pedazo [estr. 3.ª y 4.ª] (ver en las claves que abren el apartado la descripción de esta peculiar costumbre). Constata (hablando con Amarili) que el barro del búcaro ha adquirido el carmín de los labios de la dama (al estar en contacto con ellos, por haberlo mordido ella, quizá hiriéndose), y por ello el barro presume de ser coral (valiosa pieza de joyería también de color rojo) o grana (tinte vegetal) [estr. 1.ª]. Asegura que ni el clavel, que alberga el rocío como un rubí en el amanecer, se atreverá a compararse con el búcaro, pues éste posee, a través de ese tono rojo de los labios (o quizá de la propia sangre) de Amarili, la sangre de *Venus* (diosa del amor) y la de *Diana* (diosa cazadora y enconada defensora de su virginidad) [estr. 2.ª]. Afirma (hablando ahora con el búcaro) que el sol querría unir sus pedazos rojizos (*púrpura rompida*) con más tierra portuguesa [estr. 3.ª], e insta al barro a que se olvide de su forma perdida y presuma de aurora (también rojiza), puesto que merece el amor y los besos de Amarili [estr. 4.ª].

A AMARILI, QUE TENÍA UNOS PEDAZOS DE BÚCARO EN LA BOCA Y ESTABA MUY AL CABO DE COMERLOS[33]

Amarili, en tu boca soberana
su tez el barro de carmín colora;
ya de coral mentido se mejora,
ya aprende de tus labios a ser grana.

---

[33] Es decir: acababa de comerlos.

5   Apenas el clavel, que a la mañana
guarda en rubí las lágrimas que llora,
se atreverá con él, cuando atesora
la sangre en sí de Venus y Dïana.

Para engarzar tu púrpura rompida,
10 el sol quisiera repartir en lazos
tierra, por portuguesa, enternecida[34].

Tú de sus labios merecíste abrazos:
presume ya de aurora, el barro olvida;
pues se muere mi bien[35] por tus pedazos.

LLANTO DE AMOR DE LA AMADA
II. 17

*G*ÓNGORA. Romancillo. Tras la presentación del asunto,
habla una niña, dirigiéndose a su madre (desde el pri-
mer estribillo). Se trata de una recién casada cuyo ma-
rido (al que considera afectuosamente sus ojos) se marcha a la
guerra [estr. 1.ª]. Reprocha a su madre haberla casado tan
joven, haciéndola cautiva amorosa de un hombre que se va
[estr. 2.ª]; se dispone a utilizar sus ojos para llorar desde hoy,
en vez de para entretenerse, como solía, en sus amores *(oficio de
mirar)* [estr. 3.ª], y pide a su madre que no intente calmar su
llanto, al considerarlo mejor que, sintiéndose morir, guardar
silencio [estr. 4.ª]. Considera normal el llanto, pues sabe que
desaprovechará su juventud (al no disfrutar del amor de su

[34] La ternura se atribuye tópicamente a los portugueses desde anti-
guo. Y los búcaros más apreciados por las cortesanas eran los hechos en
Portugal.
[35] *mi bien:* se refiere a su amada, Amarili.

esposo) [estr. 5.ª], y desea que no vuelva más la noche, para
que no vea su soledad [estr. 6.ª].

<blockquote>

La más bella niña
de nuestro lugar,
hoy vïuda y sola,
ayer por casar,
5   viendo que sus ojos
a la guerra van,
a su madre dice,
que escucha su mal:
   dejadme llorar
10 *orillas de mar*[36].

   Pues me distes[37], madre,
en tan tierna edad
tan corto placer,
tan largo pesar,
15   y me cautivastes
de quien hoy se va
y lleva las llaves
de mi libertad,
   dejadme llorar
20 *orillas de mar.*

En llorar conviertan
mis ojos, de hoy más,
el sabroso oficio
del dulce mirar,
25   pues que no se pueden
mejor ocupar,
yéndose a la guerra
quien era mi paz,
   dejadme llorar
30 *orillas de mar.*

</blockquote>

---

[36] Es decir: a las orillas del mar.
[37] *distes:* disteis. Más adelante (v. 15), *cautivastes:* cautivasteis.

No me pongáis freno
ni queráis culpar,
que lo uno es justo,
lo otro por demás.
35   Si me queréis bien
no me hagáis mal;
harto peor fuera
morir y callar,
    dejadme llorar
40 *orillas de mar.*

Dulce madre mía,
¿quién no llorará,
aunque tenga el pecho
como un pedernal,
45   y no dará voces
viendo marchitar
los más verdes años
de mi mocedad?
    dejadme llorar
50 *orillas de mar.*

Váyanse las noches,
pues ido se han
los ojos que hacían
los míos velar;
55   váyanse, y no vean
tanta soledad,
después que en mi lecho
sobra la mitad,
    dejadme llorar
60 *orillas de mar.*

II. 18

LOPE. Romance. Escrito en la época en que Lope devuelve a su familia a Isabel de Urbina, embarazada de un hijo suyo, y se embarca en la Armada Invencible. Describe las lamentaciones de Belisa al ver partir en barco a su amado, padre del hijo que lleva en sus entrañas [estr. 1.ª y 2.ª], y el discurso que hace amenazándolo con matarse y acabar así con la vida del hijo [estr. 3.ª y 4.ª], o con esperar a que el niño nazca para matar luego a alguien parecido a su amado, aunque teme que, como una víbora (por ser su padre quien es), le desgarre las entrañas al nacer [estr. 5.ª y 6.ª]. Vuelve a llamar a su amado, pidiéndole que se quede, primero, y luego, puesto que no le hace caso, que no vuelva nunca [estr. 7.ª y 8.ª].

> De pechos sobre una torre
> que la mar combate y cerca,
> mirando las fuertes naves
> que se van a Ingalaterra,
> 5   las aguas crece Belisa
> llorando lágrimas tiernas,
> diciendo con voces tristes
> al que se aparta y la deja:
>   *«Vete, cruel, que bien me queda*
> 10 *en quien vengarme de tu agravio pueda.*
>
>   No quedo con solo el hierro
> de tu espada y de mi afrenta,
> que me queda en las entrañas
> retrato del mismo Eneas[38],

---

[38] *Eneas:* héroe troyano que sedujo y abandonó a Dido, reina de Cartago, quien pasó rápidamente del amor al odio (como vemos que le ocurre a Belisa) y mandó a su guardia contra Eneas. Eneas logró escapar y Dido se suicidó.

15   y aunque inocente, culpado,
si los pecados se heredan;
mataréme por matarle,
y moriré porque muera.
    Vete, cruel, que bien me queda
20 *en quien vengarme de tu agravio pueda.*

    Mas quiero mudar de intento
y aguardar que salga fuera
por si en algo te parece
matar a quien te parezca.
25   Mas no le quiero aguardar,
que será víbora fiera,
que rompiendo mis entrañas
saldrá dejándome muerta.
    Vete, cruel, que bien me queda
30 *en quien vengarme de tu agravio pueda.»*

    Así se queja Belisa
cuando la priesa³⁹ se llega;
hacen señal a las naves
y todas alzan las velas.
35   «Aguarda, aguarda», le dice,
«fugitivo esposo, espera...
Mas, ay, que en balde te llamo;
¡plega a Dios⁴⁰ que nunca vuelvas!
    Vete, cruel, que bien me queda
40 *en quien vengarme de tu agravio pueda.»*

---

³⁹ *priesa:* prisa.
⁴⁰ *plega a Dios:* quiera Dios.

III. NATURALEZA Y ARTE

*L*A imitación de la naturaleza en el arte es uno de los preceptos clásicos que caló hondo en el Renacimiento. Esto sigue siendo así durante el Barroco. Pero, como sabemos, el poeta barroco buscaba en la naturaleza lo excepcional, alegando que la naturaleza produce también monstruos. Así, será normal encontrar poemas que reflejen momentos extremos en el comportamiento de las fuerzas naturales: la tormenta, con el desbordamiento del caudal de los ríos, con los cadáveres de los ahogados colgando, llenos de algas, sobre los árboles, o en las laderas de las montañas; también el volcán, con su fuerza contenida erupcionando repentinamente.

El motivo de la tormenta se da, por lo general, en poemas amorosos. Góngora (n.º 1) lo utiliza para decirnos que, pese a provocar una tremenda catástrofe, la tormenta no es tan temible como sus cuidados, sus desvelos amorosos. Lope (n.º 3) enlaza el tema con el de la amada dominando la naturaleza. Quevedo, por su parte, utiliza el asunto de la tormenta en un poema religioso: Dios, creador de la naturaleza, utiliza la tormenta para exigir el arrepentimiento. El poeta contesta con su llanto-lluvia y su lamento-trueno (n.º 2). Como el elemento natural representativo del engaño, del amor, de la poesía, nos muestra Lope a la noche (n.º 4).

Fuera ya de esta naturaleza en situación extrema se encuentran los poemas dedicados a las flores. El jardín de flores cultivadas muestra, en cierto modo, el dominio que ejerce el hombre en la naturaleza: es la selva ordenada por la mano del jardinero. Tengamos en cuenta que circulaban por entonces exquisitos tratados de horticultura para enseñar a injertar plantas, a adornar los jardines con setos recortados, a cultivar flores exóticas en climas nuevos. Había quienes intercambiaban semillas de flores y de árboles por toda Europa. El jardín sofisticado, una mezcla muy barroca de naturaleza y artificio, era un elemento indispensable en las fincas de los nobles. También en las de los poetas, puesto que las flores recuerdan, con su orgullosa belleza de vida breve, que la humana posee unas características semejantes. Entre las flores, suele tomarse como ejemplo de brevedad y belleza la rosa (n.ºs 5 y 6), aunque también otras son muy apropiadas, como la flor de la maravilla, traída por los colonos de América, que vive un solo día (n.º 7).

Por su parte, la mariposa, que muere atraída por la llama de las velas, se utiliza como imagen del amante, al que seduce el fuego que desprende su amada, en el que se consume; y permite el juego de las referencias mitológicas, pues hay en la mitología varios personajes a los que el propio sol atrae y abrasa, que sirvieron, ya en la poesía petrarquista, de referencia para mostrar la desgracia del hombre enamorado (n.ºs 8 y 9).

Traemos también un curioso poema de Lope, que parodia la facilidad con que algunos poetas gongoristas se perdían en sus descripciones de la naturaleza sin conseguir hablar de nada (n.º 10), antes de adentrarnos en uno de los temas más característicos del Barroco: las ruinas, que representan el abatimiento de la obra artificial y orgullosa del hombre ante la fuerza del tiempo y de la naturaleza, la cual toma las ciudades para convertirlas de nuevo en selva. Lope nos da la clave de este tema: es más edificante que contemplar ruinas de Sagunto, ciudad famosa y orgullosa de su poder, nos dice, contemplar la ruina del alma del poeta (n.º 11), o la

*ruina que supone la vejez en una dama (n.º 13). O lo
parodia, utilizándolo para justificar la ruina en que
se ha convertido la sotana de su otro yo, el poeta pobre
y sencillo Tomé Burguillos (n.º 14). Quevedo (n.º
12), se sorprende, en un poema estremecedor, de la
paradoja de que lo único que permanezca de la Roma
imperial sea el río que huye (con ecos del filósofo grie-
go Heráclito, cuya reflexión «nadie baja a bañarse al
mismo río» se conocía en la época, como hoy, a través
de Platón).*

*La pintura, arte rey por entonces, interesaba en gran
medida a los poetas barrocos, que muestran su asombro
ante la resistencia de los lienzos al paso del tiempo:
parecen inmortales, si se comparan con los objetos natu-
rales que representan. Góngora llama* hurto *a la indus-
tria con que el pintor plasma su rostro (n.º 15), sugi-
riendo que la pintura extrae a los seres de su ámbito
natural y los traslada a la tela, para inmortalizarlos.
Quevedo se recrea en el asombro de que una miniatura
en la que está retratada su amada Lisi contenga la
infinita belleza de la dama (n.º 16): es el juego del todo
contenido en la parte, tan literario, en el que ya se
habían detenido los pintores renacentistas al incluir en
sus cuadros, a veces, espejos convexos en los que se halla-
ba representado más espacio del que aparentemente en-
marcaba la obra.*

*Por último, se ilustran las reflexiones literarias de
estos poetas barrocos, con un soneto de Lope (n.º 17) en
el que se impone la reflexión humorística centrada en la
cuestión misma de estar haciendo un soneto, al tiempo
que se sortea hábilmente la eventualidad de decir cual-
quier cosa que no describa el proceso de creación del*

propio soneto; y otro, de tono muy distinto, de Quevedo (n.º 18): una afirmación de que en los libros se encuentran, inmortales, las palabras de los grandes autores que perecieron; una muestra más de cierta concepción divina de la obra del hombre, que en este caso habría vencido la imposición mortal de la naturaleza a sus crías.

* * *

TORMENTAS
III, 1

GÓNGORA. Soneto. Se dirige a Celalba, significándole su amor. Enumera los prodigios que conoce: tormentas de agua o de viento, torres abatidas y volcanes en erupción [estr. 1.ª], derrumbe de puentes por el desbordamiento de ríos, tan crecidos que resulta difícil cruzarlos hasta con la imaginación y, más difícil aún, que las montañas contengan su cauce [estr. 2.ª]; escenas semejantes a las provocadas por el diluvio *(días de Noé):* gentes subidas a los árboles [estr. 3.ª] y cadáveres de hombres y animales deformados *(sin forma).* Concluye que nada de ello es comparable a sus preocupaciones amorosas *(cuidados)* [estr. 4.ª].

> Cosas, Celalba mía, he visto extrañas:
> cascarse nubes, desbocarse vientos,
> altas torres besar sus fundamentos,
> y vomitar la tierra sus entrañas;

5   duras[41] puentes romper, cual tiernas cañas,
     arroyos prodigiosos, rios[42] violentos,
     mal vadeados de los pensamientos,
     y enfrenados[43] peor de las montañas;

     los días de Noé, gentes subidas
10 en los más altos pinos levantados,
     en las robustas hayas más crecidas;

     pastores, perros, chozas y ganados
     sobre las aguas vi, sin forma y vidas,
     y nada temí más que mis cuidados.

III. 2

Q UEVEDO. Soneto. Indica que las tormentas, con las nubes, el viento y el rayo (*llama que desenfrena* a la tormenta, que parece desatarla), expresan el enojo de Dios [estr. 1.ª y v. 14], quien habla con los pecados por medio de los truenos, al tiempo que el agua de la lluvia que Dios derrama exige la penitencia cuando (el hombre) *la debe:* el arrepentimiento *(el llanto temeroso de la pena)* [estr. 2.ª]. Decide responder con su propio arrepentimiento, pues la luz divina le ha mostrado el pecado (la noche) en que se halla [estr. 3.ª]. Concluye que esos rayos provocados por el enfado de Dios golpean contra los pecados *(ofensas)* y no contra los árboles (*robres:* robles) [vv. 12 y 13].

---

[41] *duras puentes:* duros puentes.
[42] *rios:* ríos.
[43] *enfrenados:* frenados, contenidos.

DIOS NUESTRO SEÑOR, CUANDO
TRUENAN LAS NUBES, DESPIERTA
DEL SUEÑO DEL PECADO AL ALMA
ADORMECIDA, Y CON EL RAYO
QUE HIERE LOS MONTES SOLICITA
EL ESCARMIENTO DE LAS CULPAS,
QUE LE MERECEN MEJOR
QUE LOS ROBLES

Con la voz del enojo de Dios suena
ronca y rota la nube, el viento brama;
veloz en vengativa luz, la llama
tempestades sonoras desenfrena.

5   Con los pecados habla cuando truena;
la penitencia por su nombre llama,
cuando la debe[44], el agua que derrama,
el llanto temeroso de la pena.

Respóndale tronando mi suspiro;
10 respóndanle lloviendo mis dos ojos,
pues escrita en su luz mi noche miro.

Ofensas, y no robles, son despojos
del ceño ardiente del mayor zafiro:
y sabe el cielo hablar por sus enojos.

---

[44] No hay sujeto posible en el texto para *debe,* como no sea *Dios* (sólo aceptable si entendiéramos «cuando debe llamarla», que me parece forzado) o *el agua temerosa de la pena,* lo que no tendría mucho sentido. Quizá es error por «debo», acordemente con las estr. 3.ª y 4.ª. Elijo en la explicación el sujeto no expreso «el hombre», que parece deducirse del contexto.

III. 3

*L*OPE. Soneto. Describe una tempestad: cómo el aire, en poco tiempo *(discurso breve)* cubrió de nieve la sierra de Guadarrama, como enlazado por los rayos, que parecían amenazar el suelo nevado [estr. 1.ª]; cómo los vientos despedazaron el campo y las nubes, y cómo la bóveda celeste, formando un arco, bebía el mar por sus extremos hasta subirlo a lo más alto *(polo)* y descargarlo, con la tierra abrazada por el mar y el cielo [estr. 2.ª]. El aspecto *(cara)* de todo lo variado de la naturaleza se mezcló y el sol salió de su curso (por el que Febo, dios del sol, lo lleva en su carro) [estr. 3.ª], y cuando parecía que la armonía del universo (la música silenciosa con la que se mueven los planetas en armonía) se paraba, salió Lucinda, hecho que interrumpió la tormenta [estr. 4.ª].

A UNA TEMPESTAD

Con imperfectos círculos enlazan
rayos el aire, que, en discurso breve,
sepulta Guadarrama en densa nieve,
cuyo blanco parece que amenazan.

5   Los vientos campo y nubes despedazan[45];
el arco el mar con los extremos bebe,
súbele al polo, y otra vez le llueve,
con que la tierra, el mar y el cielo abrazan.

Mezcló en un punto la disforme cara
10 la variedad con que se adorna el suelo,
perdiendo Febo de su curso el modo.

---

[45] Es decir: los vientos despedazan a los campos y las nubes.

Y cuando ya parece que se para
el armonía⁴⁶ del eterno cielo,
salió Lucinda y serenóse todo.

NOCHE
III. 4

L OPE. Soneto. Se dirige a la noche. La acusa de provocar
los sueños, de engañar con su oscuridad [estr. 1.ª], de
ocupar los cerebros *(celebros)* irracionales, de maga, de
provocadora de peligros y temores [estr. 2.ª], de malvada, en-
gañosa, traidora (con manos prestas a la traición y pies prestos a
huir), y de enfermiza [estr. 3.ª]. Concluye que la noche (como
momento de dormir, en el que no se es consciente) reduce a la
mitad la vida [estr. 4.ª].

A LA NOCHE

Noche, fabricadora de embelecos,
loca, imaginativa, quimerista,
que muestras al que en ti su bien conquista
los montes llanos y los mares secos;

5   habitadora de celebros huecos,
mecánica, filósofa, alquimista,
encubridora vil, lince sin vista,
espantadiza de tus mismos ecos:

---

⁴⁶ *el armonía:* la armonía (desde la concepción pitagórica del univer-
so, la armonía del cielo es emitida por Dios, y rige el movimiento de los
planetas).

  la sombra, el miedo, el mal se te atribuya,
10 solícita, poeta, enferma, fría,
  manos del bravo y pies del fugitivo.

  Que vele o duerma, media vida es tuya:
  si velo, te lo pago con el día,
  y si duermo, no siento lo que vivo.

FLORES
III. 5

QUEVEDO. Letrilla. Se dirige al rosal. Le pide que no se muestre orgulloso por la belleza de sus flores, puesto que le dura sólo a lo largo de un día.

LETRILLA LÍRICA

Rosal, menos presunción
donde están las clavellinas,
pues serán mañana espinas
las que agora[47] *rosas son.*

5 ¿De qué sirve presumir,
  rosal, de buen parecer,
  si aun no acabas de nacer
  cuando empiezas a morir?
  Hace llorar y reír

---

[47] *agora:* ahora.

10 vivo y muerto tu arrebol[48]
    en un día o en un sol:
    desde el Oriente al ocaso[49]
    va tu hermosura en un paso,
    y en menos tu perfección.

15   *Rosal, menos presunción*
        donde están las clavellinas,
        pues serán mañana espinas
        las que agora rosas son.

        No es muy grande la ventaja
20 que tu calidad mejora:
    si es tus mantillas[50] la aurora,
    es la noche tu mortaja.
    No hay florecilla tan baja
    que no te alcance de días,
25 y de tus caballerías[51],
    por descendiente de la alba[52],
    se está riendo la malva,
    cabellera de un terrón.

        Rosal, menos presunción
30   *donde están las clavellinas,*
        pues serán mañana espinas
        las que agora rosas son.

---

[48] *arrebol:* color de la luz del amanecer en las nubes, semejante al de la rosa.
[49] Es decir: sólo a lo largo de un recorrido del sol, de un día.
[50] *mantillas:* la ropa de cama de los recién nacidos.
[51] *tus caballerías:* tus presunciones cortesanas, de caballero.
[52] *de la alba:* del alba.

III. 6

L OPE. Soneto. Se dirige a una rosa de Alejandría o da-
mascena. Admira su belleza mientras describe su naci-
miento surgiendo del capullo *(camisa de esmeralda)* y
compara su pistilo con una corona de oro *(granos orientales)*
[estr. 1.ª]. Pondera los tonos que puede adquirir (el rojo
brillante del rubí, el rosado del coral, o el violáceo de la
púrpura), y describe la base sobre la que se asienta, con cinco
hojas (a las que llama extrañas: *peregrinas*) [estr. 2.ª]. Alaba a
Dios, como creador de la rosa, pues con la brevedad de su
vida mueve al hombre que la contempla a pensar en la suya,
también breve [estr. 3.ª]. Concluye que la juventud *(verde
edad)* desaparece con la vejez (como la flor, llevada por el
viento cuando marchita) y que las esperanzas en los bienes
materiales terrenos *(que tienen fundamento en la tierra)* son
traidoras *(aleves;* puesto que nos descuidan de prepararnos
para el más allá) [estr. 4.ª].

A UNA ROSA

¡Con qué artificio tan divino sales
de esa camisa de esmeralda fina,
oh rosa celestial alejandrina,
coronada de granos orientales!

5   Ya en rubíes te enciendes, ya en corales,
ya tu color a púrpura se inclina,
sentada en esa basa peregrina
que forman cinco puntas desiguales.

Bien haya tu divino autor, pues mueves
10   a su contemplación el pensamiento
y aun a pensar en nuestros años breves.

Así la verde edad se esparce al viento,
y así las esperanzas son aleves
que tienen en la tierra el fundamento.

III. 7

GÓNGORA. Letrilla. Habla la flor de la maravilla (flor irisada original de Perú, que vive un solo día). Se dirige a las demás flores (pero quizá también se dirige a un protector de Góngora, el marqués de Flores de Ávila, gran aficionado al cultivo de las flores). Comienza constatando la brevedad de su vida (sólo un día), parecida a la de las demás flores [estribillo y estr. 1.ª]. Después compara su suerte con la del clavel [estr. 2.ª] y la del jazmín [estr. 3.ª], y las encuentra semejantes; la compara también con la del alhelí, que vive un mes, pero afirma que prefiere la belleza a la longevidad [estr. 4.ª]. Finalmente, señala al girasol como la flor más duradera, y relaciona sus hojas con los ojos aduladores (pues el girasol, al vivir tanto, parece adular al hombre prometiéndole, en contraste con las otras flores, vida duradera) [estr. 5.ª].

> *Aprended, Flores, en mí*
> *lo que va de ayer a hoy,*
> *que ayer maravilla fui,*
> *y hoy sombra mía aun no soy.*

5   La aurora ayer me dio cuna
      la noche ataúd me dio;
      sin luz muriera si no
      me la prestara la Luna:
      pues de vosotras ninguna
10   deja de acabar así,

      aprended, Flores, en mí
      lo que va de ayer a hoy,
      que ayer maravilla fui,
      y hoy sombra mía aun no soy.

15   Consuelo dulce el clavel
      es a la breve edad[53] mía,
      pues quien me concedió un día,
      dos apenas le dio a él:
      efímeras del vergel,
20   yo cárdena, él carmesí.
      Aprended, Flores, en mí
      lo que va de ayer a hoy,
      que ayer maravilla fui,
      y hoy sombra mía aun no soy.

25   Flor es el jazmín, si bella,
      no de las más vividoras,
      pues dura pocas más horas[54]
      que rayos tiene de estrella;
      si el ámbar florece, es ella
30   la flor que él retiene en sí.
      Aprended, Flores, en mí
      lo que va de ayer a hoy,
      que ayer maravilla fui,
      y hoy sombra mía aun no soy.

35   El alhelí, aunque grosero
      en fragancia y en color,
      más días ve que otra flor,
      pues ve los de un Mayo entero:
      morir maravilla quiero
40   y no vivir alhelí.

---

[53] *breve edad:* brevedad.
[54] *horas:* días.

> *Aprended, Flores, en mí*
> *lo que va de ayer a hoy,*
> *que ayer maravilla fui,*
> *y hoy sombra mía aun no soy.*

45   A ninguna flor mayores
términos concede el Sol
que al sublime girasol[55],
Matusalén[56] de las flores:
ojos son aduladores
50   cuantas en él hojas vi.
> *Aprended, Flores, en mí*
> *lo que va de ayer a hoy,*
> *que ayer maravilla fui,*
> *y hoy sombra mía aun no soy.*

MARIPOSAS
III. 8

GÓNGORA. Soneto. Constata la temeridad de la mariposa, que se acerca a la llama intentando en vano no quemarse las alas, pues incluso el *Fénix* (ave mitológica que al morir vuela hacia el sol) arde con el fuego solar, aunque después renazca de sus cenizas [estr. 1.ª], y así, ambiciosa del esplendor de la luz, sólo se arrepiente cuando ya ha dado sus alas *(mal vestida pluma)* a la llama *(lo que arde)* [estr. 2.ª], por lo que queda muerta, y le sirve de tumba *(huesa)* la cera de la vela, preparada por las abejas. Se asombra irónicamente de su infelicidad y su error [estr. 3.ª]. Se consuela afirmando que el

---

[55] *girasol:* además de la planta, la palabra designa a quien adula a unos y otros según su poder. De ahí los *ojos aduladores.*
[56] *Matusalén:* personaje bíblico que vivió 969 años.

humo (es decir, las cosas vanas) que busca su propia ambición
(comparable a la de la mariposa) no le quemará [estr. 4.ª].

DE LA AMBICIÓN HUMANA

Mariposa, no sólo no cobarde,
mas temeraria, fatalmente ciega,
lo que la llama al Fénix aun le niega,
quiere obstinada que a sus alas guarde,

5   pues en su daño arrepentida tarde,
del esplendor solicitada, llega
a lo que luce, y ambiciosa entrega
su mal vestida pluma a lo que arde.

Yace gloriosa en la que dulcemente
10 huesa[57] le ha prevenido abeja breve,
¡suma felicidad a yerro sumo!

No a mi ambición contrario tan luciente,
menos activo sí, cuanto más leve,
cenizas la hará, si abrasa el humo.

III. 9

QUEVEDO. Canción alirada (en liras sestinas). Comienza su epitafio a una mariposa muerta por su amor a la luz (puesto que las mariposas vuelan tozudamente hacia la luz de las velas hasta que se abrasan), afirmando que el insecto *(pintado amante),* en sus vuelos, adornó *(vistió)* las flores y parecía volar con ellas (por los colores de sus alas). Explica

---

[57] *huesa:* fosa (alude a la cera caída, preparada por las abejas).

cómo el fuego quemó *(ardió)* sus dos alas (viendo a cada una
como una primavera en sí) [estr. 1.ª]. Considera que con la
muerte de la mariposa pierde el campo el adorno *(aliño)* de su
belleza y deja la primavera de provocar curiosidad [estr. 2.ª]. Se
lamenta de que las llamas respeten a las salamandras (que,
según una leyenda muy popular, eran inmunes a los efectos del
fuego) y acaben con la mariposa (cuyo vuelo hacia las llamas
compara con el recorrido accidentado que *Faetón,* hijo de Febo,
hizo con el carro del sol que gobierna su padre, por lo que
Júpiter lo fulminó con su rayo; y cuya belleza iguala a la de
Narciso, tan bello que murió ahogado intentando atrapar el
reflejo de su propia imagen seductora en el agua) [estr. 3.ª].
Considera que, aunque quienes no entienden de amor lo tomen
por desdicha, es elegante *(fineza)* por parte de la mariposa no
renacer de sus cenizas, algo que sí hace el Fénix (ave mitológica
que resucitaba tras arder en el sol) [estr. 4.ª], y explica la fineza:
la mariposa muere en su amada (siguiendo las reglas del amor
cortés). Contrasta la hermosura de la mariposa con la brevedad
de su vida (como mariposa, el insecto sólo vive un verano), y
valora su muerte gozosa en su unión con la llama [estr. 5.ª].

TÚMULO DE LA MARIPOSA

> Yace pintado amante,
> de amores de la luz, muerta de amores,
> mariposa elegante
> que vistió rosas y voló con flores,
> 5 y codicioso el fuego de sus galas
> ardió dos primaveras en sus alas.
>
> El aliño del prado
> y la curiosidad de primavera
> aquí se han acabado,
> 10 y el galán breve de la cuarta esfera,
> que, con dudoso y divertido vuelo,
> las lumbres quiso amartelar del cielo.

Clementes hospedaron
a duras salamandras llamas vivas;
15 su vida perdonaron,
y fueron rigurosas, como esquivas,
con el galán idólatra que quiso
morir como Faetón, siendo Narciso.

No renacer hermosa,
20 parto de la ceniza y de la muerte,
como fénix gloriosa,
que su linaje entre las llamas vierte,
quien no sabe de amor y de terneza
lo llamará desdicha, y es fineza.

25 Su tumba fue su amada;
hermosa, sí, pero temprana y breve;
ciega y enamorada,
mucho al amor y poco al tiempo debe;
y pues en sus amores se deshace,
30 escríbase: *Aquí goza, donde yace.*

NATURALEZA SIN CONTENIDO
III. 10

L OPE (como Licenciado Tomé Burguillos). Soneto. Describe cómo de un monte a un valle caen riachuelos (*carámbanos deshechos,* porque proceden del deshielo) que rodean los árboles y las plantas [estr. 1.ª]. Describe cómo nadan en el cristal de los arroyos las amorosas ninfas (deidades femeninas del bosque), con sus pechos blancos *(cándidos),* y semejantes, en su abundancia, a las naves que parten de «tierras» españolas (pero dice *barras,* aludiendo al barro, para desmitificar; las naves de la flota española abundaban entonces por los estrechos del mundo) [estr. 2.ª]. Describe cómo a los pies del monte *(por vasallo)* hay un valle que *importuna* (a su señor, el monte), sangrando *las venas de su pecho helado* (recoge el agua que corre en riachuelos por su ladera) para regar sus muchas flores [estr. 3.ª]. Finalmente confiesa que en ese paisaje tan largamente descrito no le sucedió nada (luego nada tiene que contarnos de él) [estr. 4.ª].

DESCRIBE UN MONTE
SIN QUÉ NI PARA QUÉ

Caen de un monte a un valle, entre pizarras
guarnecidas de frágiles helechos,
a su margen carámbanos deshechos,
que cercan olmos y silvestres parras.

5   Nadan en su cristal ninfas bizarras,
compitiendo con él cándidos pechos,
dulces naves de Amor, en más estrechos
que las que salen de españolas barras.

Tiene este monte por vasallo a un prado
10   que para tantas flores le importuna:
sangre las venas de su pecho helado.

Y en este monte y líquida laguna,
para decir verdad como hombre honrado,
jamás me sucedió cosa ninguna.

RUINAS
III. 11

L OPE. Soneto. Se dirige a las ruinas de Sagunto. Las considera memoria de otra época, pero al fin y al cabo artificio acabado: *máquinas difuntas* que, amontonadas en su derrumbe, forman recovecos a modo de cuevas que sólo sirven para hacer sonar el viento a su paso por entre ellas [estr. 1.ª]. Constata el revoltijo en el suelo de los trozos de las columnas (el fuste o *coluna,* junto a la basa y el arquitrabe), rotos sobre el suelo, recordando que en tiempos se alzaban contra el cielo, como símbolo del poder y el orgullo de la ciudad [estr. 2.ª]. Considera cómo, desde que cayeron, representando así la propia caída del orgullo de Sagunto (cuyo ajetreo mundano compara con los espectáculos que se ofrecían en los anfiteatros), las ruinas se creen el mejor ejemplo de tragedia (*pretendéis la palma,* el trofeo) [estr. 3.ª], y les pide que lo contemplen ellas a él, que, por poseer alma (y por ser ésta pecadora) sirve mejor de ejemplo de *ruina y perdición* [estr 4.ª].

> Vivas memorias, máquinas difuntas
> que cubre el tiempo de ceniza y hielo
> formando cuevas donde el eco al vuelo
> sólo del viento acaba las preguntas
>
> 5   Basas, colunas, arquitrabes juntas,
> ya divididas oprimiendo el suelo,
> soberbias torres, que al primero cielo
> osastes[58] escalar con vuestras puntas.
>
>   Si desde que en tan alto anfiteatro
> 10 representastes a Sagunto muerta,
> de gran tragedia pretendéis la palma,

---

[58] *osastes:* osasteis; como luego *representastes:* representasteis.

mirad de sólo un hombre en el teatro
mayor rüina y perdición más cierta,
que en fin sois piedras, y mi historia es alma.

III. 12

Q UEVEDO. Soneto. Se dirige, primero [estr. 1.ª a 3.ª] a
un peregrino que llega a Roma, y después [estr. 4.ª]
a la propia ciudad. Constata la búsqueda frustrada, por
parte del peregrino, de la Roma gloriosa en sus ruinas actuales,
en la que ahora el monte Aventino (donde habitaba y se reunía
la plebe) está plagado de ruinas (*tumba de sí proprio,* propio)
[vv. 1 y 2], y el monte *Palatino* (donde se situaba el palacio
imperial) carece de vida, en vez de albergar a los gobernadores
[vv. 3 a 5], y las medallas (los bajorrelieves en piedra con el
retrato de algún personaje honorable que adornaban paredes en
las calles romanas) muestran rotas el paso del tiempo (las *bata-
llas de las edades*) [vv. 6 a 8]. Se asombra de que el río Tíber
(Tibre) sea lo único que continúa vivo en la ciudad, desde su
época dorada [estr. 3.ª], de lo que concluye la paradoja de que
sólo permanece lo fugaz (el río) mientras lo firme (en aparien-
cia: los edificios y la gloria) se ha desvanecido [estr. 4.ª].

A ROMA SEPULTADA EN SUS RUINAS

Buscas en Roma a Roma, ¡oh peregrino!,
y en Roma misma a Roma no la hallas:
cadáver son las que ostentó murallas,
y tumba de sí proprio el Aventino.

5   Yace donde reinaba el Palatino;
y limadas del tiempo, las medallas
más se muestran destrozo a las batallas
de las edades que blasón latino.

Sólo el Tibre quedó, cuya corriente,
10   si ciudad la regó, ya, sepoltura[59]
la llora con funesto son doliente.

¡Oh Roma!, en tu grandeza, en tu hermosura,
huyó lo que era firme, y solamente
lo fugitivo permanece y dura.

III. 13

*L*OPE. Soneto. Se dirige a Silvio. Le reprocha que, buscando una representación de la caída del orgullo, contemple las ruinas de un templo [estr. 1.ª], viendo las que fueron columnas altas abatidas hoy por el tiempo, como las vanaglorias humanas [estr. 2.ª]. Le pide que abandone esa contemplación, pues en las ruinas todavía hay algo del recuerdo de la gloria [vv. 9 y 10], y que contemple mejor a Filis, que fue hermosa de joven como un sol reluciente y hoy es vieja, con su belleza oscurecida como la noche, por lo que resulta un ejemplo más adecuado de ruina (un cambio que sucede en menor tiempo) [vv. 11 a 14].

> *La tiranía es una imagen breve*
> Sócrates

Silvio, ¿para qué miras las rüinas
deste edificio, fáciles vitorias
del tiempo en largos años, cuyas glorias
con lágrimas parece que imaginas?

---

[59] *sepoltura:* sepultura.

5   Estas colunas, ya[60] del sol vecinas,
hojas son que rompió de sus historias,
ejemplo a las humanas vanaglorias,
que respetaron mal fuerzas divinas.

No mires piedras donde vive y dura
10 reliquia alguna de este excelso templo;
mira, Silvio, de Filis la hermosura.

Que si te acuerdas, como yo contemplo,
que fue dorado el sol y es noche escura[61],
¿en quién podrás hallar tan breve ejemplo?

III, 14

L OPE (como Licenciado Tomé Burguillos). Soneto. Imita
el soneto «Superbi colli» («Soberbias colinas»), atribuido
al poeta renacentista italiano Baltasar de Castiglioni. Se
dirige a las ruinas de Roma (y en general, a sus costumbres).
Invoca a las torres y los edificios, comparando su pasado, en el
que se alzaban sobre las siete colinas que rodean Roma, con el
presente, en el que, abatidos, dejan ver el horizonte [estr. 1.ª].
Invoca a las escuelas de filosofía *(liceos)*, en los que se impartían
las enseñanzas de sabios del tipo de Plutarco (filósofo e historia-
dor latino del siglo II d. C.), Platón (filósofo griego del siglo V
a. C.) y Jenofonte (historiador y general griego de entre los
siglos V y IV a. C.), al teatro romano (recordando sus espec-
táculos de animales exóticos); después invoca las costumbres de
los romanos: las olimpiadas *(olimpias)*, los sacrificios de purifi-
cación *(lustros)* y los baños termales [estr. 2.ª]. Se pregunta por
la identidad de las fuerzas extrañas *(peregrinas)* que destruyeron

---

[60] *ya:* entonces, en su tiempo.
[61] *escura:* oscura.

la gloria del imperio y acabaron con los eventos, objetos y doctrinas *(dotrinas)* que ostentaban esa gloria [estr. 3.ª], y responde que la fuerza no fue otra que el transcurso del tiempo, lo que le consuela cuando medita en que su sotana de licenciado se halla también bastante arruinada [estr. 4.ª].

A IMITACIÓN DE AQUEL SONETO «SUPERBI COLLI»

Soberbias torres, altos edificios,
que ya cubristes[62] siete excelsos montes,
y agora[63] en descubiertos horizontes
apenas de haber sido dais indicios;

5   griegos liceos, célebres hospicios
de Plutarcos, Platones, Jenofontes,
teatro que lidió rinocerontes,
olimpias, lustros, baños, sacrificios;

¿qué fuerzas deshicieron peregrinas
10   la mayor pompa de la gloria humana,
imperios, triunfos, armas y dotrinas?

¡Oh gran consuelo a mi esperanza vana,
que el tiempo que os volvió breves rüinas
no es mucho que acabase mi sotana!

---

[62] *que ya cubristes:* que hace tiempo cubristeis.
[63] *agora:* ahora.

ARTE REPRESENTANDO
A LA NATURALEZA
III. 15

GÓNGORA. Soneto. Se dirige a un pintor belga (a cuyo pincel llama *dos veces peregrino,* porque es de un extranjero y, además, extrañamente virtuoso) mientras éste le está haciendo un retrato. Admira la elaboración de su retrato hasta considerarla un robo de su rostro *(vulto),* y teme del lienzo (el cual, según se va creando, va adquiriendo, de los colores que bebe del pincel, espíritu vital, al parecerse cada vez más a su modelo humano) [estr. 1.ª], teme, pues, que pueda acabar en cenizas (como acaba el hombre al ser incinerado), ya que imita al hombre (al *barro,* material con el que fue creado el hombre, por Prometeo, según la mitología clásica, o por Yaveh, según la tradición hebreo-cristiana), y teniendo en cuenta que al hombre-barro le adjudica *(le fío)* una vida breve [estr. 2.ª]. Pide luego al pintor que continúe con su *hurto,* consciente de que (pese a sus reflexiones) el cuadro no envejecerá, pues el tiempo no dañará su materia textil *(contextura)* [estr. 3.ª], y concluye lamentándose ante el hecho de que sea el ser más consciente *(quien más ve, quien más oye,* es decir, el hombre), el que menos tiempo dura, comparado con un roble, que, aunque ciego y sordo, tiene *(cuenta)* tantos siglos como hojas [estr. 4.ª].

III. NATURALEZA Y ARTE

A UN PINTOR FLAMENCO, HACIENDO
EL RETRATO DE DONDE SE COPIÓ
EL QUE VA AL PRINCIPIO DESTE LIBRO

Hurtas mi vulto, y, cuanto más le debe
a tu pincel, dos veces peregrino[64],
de espíritu vivaz el breve lino
en las colores que sediento bebe,

5   vanas cenizas temo al lino breve,
que émulo del barro lo imagino,
a quien[65], ya etéreo fuese, ya divino,
vida le fío muda, esplendor leve.

Belga gentil, prosigue al[66] hurto noble,
10 que a su materia perdonará el fuego,
y el tiempo ignorará su contextura.

Los siglos que en sus hojas cuenta un roble,
árbol los cuenta sordo, tronco ciego;
quien más ve, quien más oye, menos dura.

III. 16

QUEVEDO. Soneto. Comenta, como mostrándolo, que
lleva un retrato en miniatura de su amada Lisi, ocul-
to en el interior de una sortija pequeña *(breve cárcel)*
y circular, la cual contiene así la cara de Lisi, que brilla como

---

[64] *dos veces peregrino:* porque es de un extranjero y realiza un trabajo extraño (en su perfección), y lo peregrino es lo extranjero, pero también (en latín) lo extraño.
[65] *a quien:* al que... (se refiere al barro).
[66] *al:* con el...

una luz resplandeciente. Se asombra de que todo el imperio del Amor (es decir, la propia Lisi) esté allí encerrado *(cerrado)* [estr. 1.ª]. Afirma que (pues contiene a Lisi) la sortija contiene todo el cielo estrellado en el que pacen, como si fuera *campo,* las constelaciones (*las fieras altas de la piel luciente;* pues la mayoría de las constelaciones eran animales convertidos en estrellas por Júpiter), y que, pese a estar oculto al sol, el retrato posee luz como del día (de nuevo la belleza resplandeciente de Lisi), del mismo modo que, pese a estar oculto a oriente, posee su oro (el oro con que está labrada la sortija) [estr. 2.ª]. Asegura que (al llevar el retrato de Lisi) posee todas las riquezas provenientes de América *(las Indias),* incluidos sus dientes semejantes a *perlas,* que en el *diamante* (su boca), y por medio de los *rubíes* de los labios, tantas veces pronuncian palabras de desdén *(sonoro yelo)* [estr. 3.ª], quizá buscando *(razonan)* la tiranía que ejerce su propio poder de seducción *(fuego),* en el que está incluida también la risa de sus labios *carmesíes:* tan semejantes a las auroras en su color que el cielo presume de ellos [estr. 4.ª].

RETRATO DE LISI QUE TRAÍA
EN UNA SORTIJA

En breve cárcel traigo aprisionado,
con toda su familia de oro ardiente,
el cerco de la luz resplandeciente,
y grande imperio del Amor cerrado.

5   Traigo el campo que pacen estrellado
las fieras altas de la piel luciente[67];
y a escondidas del cielo y del Oriente,
día de luz y parto mejorado.

---

[67] Es decir, las estrellas, formadas, según la mitología, por animales (o pieles de animales) convertidos en constelaciones.

Traigo todas las Indias[68] en mi mano,
10 perlas que, en un diamante, por rubíes,
pronuncian con desdén sonoro yelo[69],

y razonan tal vez fuego tirano,
relámpagos de risa carmesíes,
auroras, gala y presunción del cielo.

LITERATURA
III. 17

L OPE. Soneto. Ante el mandato de hacer un soneto recibido de la dama Violante (personaje de la comedia *La niña de la plata,* en la que se inscribe el soneto), relata con cierto asombro cómo tras encontrar la rima *(consonante)* va creándolo, al tiempo que cuenta las estrofas y los versos según los construye.

Un soneto me manda hacer Violante,
que en mi vida me he visto en tanto aprieto;
catorce versos dicen que es soneto;
burla burlando, van los tres delante.

5   Yo pensé que no hallara consonante,
y estoy a la mitad de otro cuarteto;
mas si me veo en el primer terceto,
no hay cosa en los cuartetos que me espante.

---

[68] De las Indias (es decir, de América), llegaban oro y piedras preciosas a España.
[69] *yelo:* hielo.

Por el primer terceto voy entrando,
10 y parece que entré con pie derecho,
pues fin con este verso le voy dando.

Ya estoy en el segundo, y aun sospecho
que voy los trece versos acabando;
contad si son catorce, y está hecho.

III, 18

QUEVEDO. Soneto. Se dirige a Iosef. Le indica que en su retiro se dedica a la lectura, una forma de hablar con los muertos [estr. 1.ª], que, como si estuvieran vivos, le proporcionan con sus textos (parecidos a música armoniosa pero sin sonido: *callados contrapuntos*) ayuda para los problemas de su vida (vista, en comparación con la vida de los textos, como un sueño), incluso cuando no los comprende [estr. 2.ª]. Alaba la imprenta *(emprenta),* que suple la ausencia de los grandes hombres [estr. 3.ª] y afirma que, aunque la vida es breve, los días de estudio son los más valiosos, y por eso los señala con una piedra *(cálculo)* especial (una costumbre romana: señalar los días malos con una piedra negra y los buenos con una blanca, introducidas en un tarro, para al cabo del tiempo contar y conocer si ha predominado la desdicha o la felicidad) [estr. 4.ª].

DESDE LA TORRE [DE JUAN ABAD]

Retirado en la paz de estos desiertos,
con pocos, pero doctos libros juntos,
vivo en conversación con los difuntos
y escucho con mis ojos a los muertos.

5   Si no siempre entendidos, siempre abiertos,
o enmiendan, o fecundan mis asuntos;
y en músicos callados contrapuntos
al sueño de la vida hablan despiertos.

Las grandes almas que la muerte ausenta,
10 de injurias de los años, vengadora,
libra, ¡oh gran don Iosef!, docta la emprenta.

En fuga irrevocable huye la hora;
pero aquélla[70] el mejor cálculo cuenta
que en la lección y estudios nos mejora[71].

---

[70] *aquélla:* aquella hora.
[71] Es decir: la mejor piedra *(cálculo)* señala *(cuenta)* los días de estudio.

IV. VERSOS CRUZADOS

*P*ARA un seguimiento de los distintos enfrentamien-
tos que mantuvieron Góngora y Lope, primero, y
Góngora y Quevedo, después, remitimos a la bio-
grafía conjunta de la introducción. Aquí nos limitare-
mos a señalar las características generales de su poesía
satírica.

La poesía insultante tiene una larga tradición dentro
de la poesía culta. La practicaron hasta los más comedi-
dos poetas latinos, como Horacio (pocas veces, pero con
tremenda saña, sin reparar en obscenidades) y Proper-
cio (más habitualmente). Un especialista fue el poeta
Marcial, también latino, con quien los poetas españoles
se sentían especialmente unidos, al considerarlo español
(pues había nacido en lo que ahora es Calatayud).

En España las disputas literarias que derivaban en
enfrentamientos con versos insultantes se convirtieron en
algo muy común. Lope, Góngora y Quevedo mantuvie-
ron largas disputas con otros poetas de su época. Los
versos podían ser denunciados, pero por lo general,
como circulaban sin firmar (entre otras cosas porque no
habrían pasado la censura necesaria para imprimirlos),
resultaba bastante difícil demostrar quién era el autor.

De nuestros tres autores, el más injurioso y gratuito
fue Quevedo, quien ya en su primer poema contra
Góngora (que, como hemos señalado, escribió con una
excusa cualquiera, probablemente para hacerse notar
atacando al poeta más reconocido de la época) usa el
ataque personal y directo, si bien es cierto que desde
entonces Góngora utilizará la misma dureza en los su-
yos. Lope parece el más comedido.

Muchos poemas de Lope y de Quevedo contra Góngora atacan recurrentemente su estilo culto, contagiándose con ironía y exageración de su lenguaje y su sintaxis latina para parodiarlos. Quevedo lleva al extremo el recurso inventándose palabras que ni al mismo Góngora se le habrían pasado por la mente (n.º 7). También opta por llamarlo judío (n.º 5), siguiendo un rumor de la época no demostrado. Ser judío en España, durante el siglo XVII, era bastante peligroso (o al menos, que se demostrara, pues es evidente que judíos hubo varios, aunque tuvieran que ocultarse). Quevedo utiliza a veces contra Góngora (pero lo hace en muchos otros poemas burlescos) un lenguaje catártico (términos relacionados con excrementos y actividad fecal; véase el obsesivo n.º 6), del que en alguna ocasión se contagia Góngora (n.º 8), quien, por otra parte, en dos de los poemas de este apartado, demuestra su habilidad para dejar entrever un discurso distinto del que parece estar haciendo: tras uno en apariencia inocente, otro cargado de sentido peyorativo (n.ᵒˢ 8 y 9).

Traemos dos muestras de poemas dialogados de Lope (hábil creador de escenas cómicas), en los que uno de los interlocutores utiliza el lenguaje culto de Góngora para asombro del otro (o los otros). Son poemas (n.ᵒˢ 3 y 4) en los que el diálogo sugiere sutilmente la acción de los personajes: uno de los logros fundamentales de ciertos poemas de Lope es la facilidad con que crea imágenes visuales en el espectador.

Góngora, al enfrentarse con Lope, ataca a su vez el estilo llano (n.º 2) que se le suele achacar (ya en su época, y después en todas, para elogiarlo o vituperarlo), o, si no, su origen bajo, que considera acorde con su *estilo (puesto que Lope era hijo, como sabemos, de un bordador, aunque intentase en más de una ocasión hacerse pasar por noble; n.º 1).*

* * *

GÓNGORA CONTRA LOPE
IV. 1

*G*ÓNGORA. Soneto. Se dirige a Lope [estr. 1.ª y 2.ª], y luego a los oyentes. Afirma que son falsas las torres del escudo (el supuesto de Bernardo de Carpio, que Lope colocó al frente de la edición de su novela pastoril *La Arcadia,* como si fuera de su familia, aprovechando la coincidencia en el apellido materno) y, por tanto, su pretendida nobleza [estr. 1.ª]. Después relaciona a Lope con los rudos pastores de Arcadia (región del Peloponeso, en Grecia, que la literatura clásica utilizó como modelo de lugar agreste y escenario de la ficción pastoril, como, por ejemplo, en *La Arcadia* de Lope); le echa en cara adjudicar un escudo *(armar de un pavés)* noble a quien es (como los personajes de su novela) pastor, y exalta (irónicamente) su tronco y sus ramas genealógicas, como si vinieran de los personajes bíblicos Michol y Nabal (pero sugiriendo en juego de palabras que viene del campo, al aludir a «col» y «nabal»: «campo de nabos») y relacionándolos con la familia de dos locos famosos del Madrid de la época (Leganés y Vinorres) [estr. 2.ª]. Pide a los oyentes que le quiten las almenas del escudo, y de paso le aconseja a él dedicarse al teatro (no a la poesía), lo cual sugiere pidiendo que le saque las garrapatas *(reznos)* a Pegaso *(rocín alado* de las musas, protectoras de la poesía) en el teatro (es decir, que escriba sólo los versos poco cuidados y de lenguaje llano propios de sus comedias) [estr.

3.ª]. Vuelve a mentar las torres recalcando su poca consistencia (como construidas sobre *arena*), y recuerda, por último, que le corresponden más los torreznos que las torres (por su reciente y poco noble matrimonio, el segundo, con la hija de un abastecedor de carnes) [estr. 4.ª].

A *LA ARCADIA* DE LOPE DE VEGA

Por tu vida, Lopillo, que me borres
las diez y nueve torres del escudo,
porque, aunque todas son de viento[72], dudo
que tengas viento para tantas torres.

5   ¡Válgante los de Arcadia! ¿No te corres[73]
armar de un pavés noble a un pastor rudo?
¡Oh tronco de Micol, Nabal barbudo!
¡Oh brazos Leganeses y Vinorres!

    No le dejéis en el blasón almena.
10 Vuelva a su oficio, y al rocín alado
en el teatro sáquele los reznos.

    No fabrique más torres sobre arena,
si no es que ya, segunda vez casado,
nos quiere hacer torres los torreznos.

IV. 2

*G*ÓNGORA. Soneto. Se dirige a los poetas castellanos seguidores de Lope, a los que compara con *patos* que se bañan (que se inspiran) en *aguachirle* (bebida o caldo aguados: la poesía llana de Lope); agua ésta que, más que regar,

---

[72] Es decir: imaginadas por la fantasía de Lope.
[73] *corres:* avergüenzas.

inunda la *vega castellana* (en alusión al apellido de Lope de
Vega, refiriéndose a su mucha fecundidad poética, y teniendo
en cuenta que la mayoría de sus seguidores eran castellanos)
[estr. 1.ª]. Les pide que se bañen en las aguas de un río más
antiguo *(corriente cana),* es decir, que escuchen la poesía culta
(de los seguidores del propio Góngora), que parte de la retórica
y la elocuencia latinas y griegas *(estilo ático,* el elegante que se
practicaba en Ática, región en que se halla Atenas, y *erudición
latina)* [estr. 2.ª]. Les pide también que veneren a los *cisnes
cultos* (poetas culteranos, seguidores de Góngora, más elegan-
tes): no a los que entonan su canto de muerte (como hace el
cisne al morir, según una fábula antigua, o como hace Lope al
practicar un tipo de poesía caduco para Góngora), sino a los
cisnes que se bañan en el agua *(docta espuma)* [estr. 3.ª] de
Aganipe (fuente del monte Parnaso cuyas aguas estaban consa-
gradas a las musas, inspiradoras de la poesía). Se asombra de
que los patos, al ver a los *cisnes,* se espanten, y les pide que,
como aves de pantano *(palustres),* no enturbien (no borren) las
aguas (de la literatura) con sus plumas (las plumas de los patos
y las plumas con que escriben los poetas-patos seguidores de
Lope), y además, por último, que desaparezcan *(zabullíos:* zam-
bullíos) [estr. 4.ª].

A LOS APASIONADOS
POR LOPE DE VEGA

Patos de la aguachirle castellana,
que de su rudo origen fácil riega,
y tal vez dulce inunda nuestra Vega,
con razón Vega, por lo siempre llana,

5   pisad graznando la corriente cana
del antiguo idïoma, y, turba lega,
las ondas acusad, cuantas os niega
ático estilo, erudición romana.

Los cisnes venerad cultos, no aquéllos
10 que escuchan su canoro[74] fin los ríos;
aquéllos sí, que de su docta espuma

vistió Aganipe. ¿Huis? ¿No queréis vellos[75],
palustres aves? Vuestra vulgar pluma
no borre, no, más charcos. ¡Zabullíos!

LOPE CONTRA GÓNGORA
IV. 3

*L*OPE (como Licenciado Tomé Burguillos). Soneto. Simula un diálogo entre un exorcista y un demonio culterano (es decir, que practica el estilo culto de Góngora) que habita en un poeta joven (de los que imitaban a Góngora). En cierto momento (v. 13), el exorcista habla con alguien no especificado que presencia la escena. El exorcista invoca, en nombre de Apolo (dios de la poesía), al *demonio* de la poesía culterana para que abandone al mozo, que presume de gran poeta (presume de *Anfión:* rey de Tebas, tan buen músico que construyó una muralla moviendo las piedras con la música de su lira), con el fin de que así pueda el joven poeta volver a hablar castellano [estr. 1.ª y 2.ª]. Responde el demonio por boca del mozo (con un vocabulario latino que imita el de los poetas culteranos), quejándose de que el exorcista lo torture bárbaramente (*torques,* del latín *torqueo,* «torcer», «atormentar») y señalando que un lenguaje a la vez culto y grosero (*cultiborra,* de *culta* y *borra,* «hez de la tinta», «borrón») y un humo intoxicante (*tabaco:* «humo que emborracha», *brindalín,* quizá de «brindis») marcan e identifican (*caractiquizan,* de palabra griega que significa «marcar con

---

[74] *canoro:* musicalmente armonioso.
[75] *vellos:* verlos (a los cisnes).

hierro») a los jóvenes que como él siguen a Góngora (a su *frente intonsa:* sin tonsurar, como estaba el pelo de los novicios) [estr. 3.ª]. Dialogan ambos entrecortadamente, alegando el demonio, mientras intenta escapar, que es polaco, ante la petición que le hace el exorcista de que diga cosas que se entiendan. Invocan cada uno a su supuesto dios: a Apolo el exorcista, y a Baco (dios del vino) el demonio culterano [estr. 4.ª].

CONJURA UN CULTO, Y HABLAN LOS DOS DE MEDIO SONETO ABAJO

—Conjúrote, demonio culterano,
que salgas deste mozo miserable,
que apenas sabe hablar, caso notable,
y ya presume de Anfión tebano.

5   Por la lira de Apolo soberano
te conjuro, cultero[76] inexorable,
que le des libertad para que hable
en su nativo idioma castellano.

    —¿Por qué me torques bárbara tan mente?
10 ¿Qué cultiborra y brindalín tabaco
caractiquizan toda intonsa frente?

    —Habla cristiano, perro. —Soy polaco.
—Tenelde[77], que se va. —No me ates, tente.
Suéltame. —Aquí de Apolo. —Aquí de Baco.

---

[76] *cultero:* culterano, que escribe con el estilo de Góngora.
[77] *Tenelde:* tenedlo, detenedlo.

IV. 4

*L*OPE. Soneto. Diálogo entre Garcilaso y Boscán (poetas del siglo XVI ya considerados como clásicos en la época) y una posadera culterana, en el momento en que los poetas regresan a Castilla, desde el Parnaso (monte en el que habitaban las musas y las almas de los poetas). Boscán y Garcilaso, llamando desde el lugar donde han dejado repostar los caballos *(la posta),* piden habitación en la posada, y la criada que les atiende explica (en lenguaje tomado del latín que parodia el que utiliza Góngora) que no hay dormitorio preparado (pero dice *palestra armada,* que en realidad significa «lugar preparado para combatir») para pasar la noche *(nocturnar)* [estr. 1.ª]. Los asombrados viajeros indican que no entienden lo que dice la posadera, pero ella, con el mismo lenguaje, les pide que se esfuercen en caminar *(afecten paso),* pues ya el sol muestra los cercos que lo rodean en el ocaso *(obstenta limbos:* ostenta limbos) y pinta *(depinge,* del latín *depingo,* «representar», «hermosear») de rosa el cielo (lo que viene a querer decir, con muchas vueltas, que se vayan rápido porque está anocheciendo) [estr. 2.ª]. Los poetas creen loca a la posadera, que les reprocha que se nieguen a actuar con acierto, con cordura *(tino).* Garcilaso piensa que se han perdido por tierras de Vizcaya (en las que se hablaba vizcaíno o euskera y, según un tópico de la época, muy mal el castellano) [estr. 4.ª].

> —Boscán, tarde llegamos. ¿Hay posada?
> —Llamad desde la posta, Garcilaso.
> —¿Quién es? —Dos caballeros del Parnaso.
> —No hay donde nocturnar palestra armada.
>
> 5 —No entiendo lo que dice la criada.
> Madona, ¿qué decís? —Que afecten paso,
> que obstenta limbos el mentido ocaso
> y el sol depinge la porción rosada.
> —¿Estás en ti, mujer? —Negóse al tino

10   el ambulante huésped. —¡Que en tan poco
     tiempo tal lengua entre cristianos haya!

     Boscán, perdido habemos[78] el camino,
     preguntad por Castilla, que estoy loco
     o no habemos salido de Vizcaya.

QUEVEDO CONTRA GÓNGORA
IV. 5

QUEVEDO. Soneto. Se dirige a Góngora, (respondiendo a un poema en el que Góngora se mete con la traducción que Quevedo hizo de los versos atribuidos a Anacreonte; n.º 8) y acusándole repetidamente de judío. Indica que va a untar sus obras con tocino para que Góngora no las critique (*por que no me las muerdas;* puesto que la religión judía prohíbe comer cerdo). Compara sus ataques a los *ingenios de Castilla* con los ladridos de un perro, y alude al lenguaje gongorino relacionando su sonido con el de los tacos coloquiales *(pullas)* que utilizaban los mozos de camino [estr. 1.ª]. Pone en duda la virilidad *(apenas hombre)* y la religiosidad de Góngora (que por entonces tenía un cargo eclesiástico menor). Lo acusa de haber aprendido de pequeño la cartilla religiosa sin la cruz con que se señalaban en ella las oraciones (*christus;* insinúa que, como judío, no acepta la divinidad de Cristo y alude al tiempo a su ignorancia: «No saber el *christus*» era expresión que significaba «no saber nada»). Lo acusa también de, como poeta andaluz, decir sólo chocarrerías, igual que un bufón del rey, pero convertidas *a lo divino* (como se hacía a veces con los poemas de amor humano, «traduciéndolos», convirtiéndolos con algunas modificaciones en poemas de amor

---

[78]   *habemos:* hemos.

divino) [estr. 2.ª]. Le reprocha que hable de textos griegos (de
su traducción) cuando sólo le interesan los judíos, cosa que
corrobora *(no lo niega)* la forma de su nariz (las narices aguile-
ñas, como la de Góngora, se consideran tópicamente un rasgo
de los hebreos) [estr. 3.ª]. Por último, le pide que deje de
escribir versos, aprovechando para hacer un juego de palabras
con «escribas» (forma verbal de escribir) y «escribas» (intérpretes
hebreos de la Biblia), y asegura que Góngora posee *(vistes)* la
rebeldía de un verdugo *(sayón;* es decir, la rebeldía religiosa de
un judío, pues a éstos se les consideraba verdugos de Cristo)
[estr. 4.ª].

SONETO

Yo te untaré mis obras con tocino,
porque no me las muerdas, Gongorilla,
perro[79] de los ingenios de Castilla,
docto en pullas cual mozo de camino.

5   Apenas hombre, sacerdote indino[80],
que aprendiste sin christus la cartilla;
chocarrero de Córdoba y Sevilla,
y, en la Corte, bufón a lo divino.

¿Por qué censuras tú la lengua griega
10 siendo sólo rabí de la judía,
cosa que tu nariz aun no lo niega?

No escribas versos más, por vida mía;
aunque aquesto de escribas se te pega,
por tener de sayón la rebeldía.

---

[79] *perro:* insulto que se aplicaba a los no cristianos. Quevedo juega
por comparación con el título con que se alababa a Lope: «Fénix de los
ingenios».
[80] *indino:* indigno.

IV.6

QUEVEDO. Como mostrándonos un culo (y también como si fuera el de Góngora, o Góngora mismo), lo describe y aprovecha para insultar repetidamente al poeta cordobés, parodiando su lenguaje y su sintaxis y rimando con palabras que terminan en las sílabas *-ano*. Describe el culo como *cíclope no siciliano* (por tener este monstruo mitológico, que habitaba en Sicilia, un solo ojo); lo llama *orbe postrero del microcosmo* (es decir, «planeta último del hombre», por ser redondo y estar situado en la parte trasera del cuerpo humano, visto éste como pequeño cosmos); lo llama *antípoda faz* (puesto que se halla en el lado opuesto a la cara); dice que está dividido en dos glúteos (*hemisfero:* hemisferio) por un *término italiano* (los españoles, para insultar a los italianos, los acusaban de sodomitas) [estr. 1.ª]. Juega luego con la forma redondeada del culo *(círculo vivo en todo plano)* y su semejanza al número cero, recordando que el número lo utilizan, multiplicando y dividiendo, los abaquistas venecianos (los que en Venecia, puerto comercial, hacían cálculos con el instrumento de bolas llamado ábaco; con «partir el cero», dividirlo, sugiere la expresión obscena «partir el culo», aludiendo de nuevo a la presupuesta sodomía de los italianos) [estr. 2]. Comenta el gran tamaño del culo con la palabra *minoculo* (hecha a partir de «minotauro», nombre del gran monstruo cretense que tenía forma de hombre y toro) y lo llama «rostro ciego» *(ciego vulto;* de nuevo por oposición a la cara), señalando su abundancia de pelo, y afirmando que se dedica a insultar y es vicioso [estr. 3.ª]. Llama sirenas a sus pedos y pedos a sus versos (pues se decía que el canto de las sirenas enloquecía y atraía a los hombres, como desde el punto de vista de Quevedo hacen los versos de Góngora, que muchos admiran e imitan). Y por último afirma (por si quedaba alguna duda) que efectivamente habla del culo, aunque es tan difícil reconocerlo que ni un sodomita *(bujarrón)* lo haría, pues lo ha descrito con el propio lenguaje indescifrable de Góngora *(en Góngora y en culto)* [estr. 4.ª].

CONTRA DON LUIS DE GÓNGORA
Y SU POESÍA

Este cíclope, no sicilïano,
del microcosmo sí, orbe postrero;
esta antípoda faz, cuyo hemisfero
zona divide en término italiano;

5   este círculo vivo en todo plano;
éste que, siendo solamente cero,
le multiplicaba y parte por entero
todo buen abaquista veneciano;

el minoculo sí, mas ciego vulto[81];
10 el resquicio barbado de melenas;
esta cima del vicio y del insulto;

éste, en quien hoy los pedos son sirenas,
éste es el culo, en Góngora y en culto,
que un bujarrón le conociera apenas.

IV. 7

Q UEVEDO. Se dirige a Góngora parodiando su estilo.
Nótese que utiliza [en estr. 3.ª y 4.ª] la idea de los
poemas de Góngora como alimento dañino. Comien-
za preguntándole cuál es el significado de sus canciones y lo
acusa de oscuro (*noturnal:* nocturno) por utilizar cultismos
(como «crepúsculo», palabra que reproduce con sufijo despecti-
vo), asegurando que anhela escribir bobadas (*garciboballas,* pues
Góngora había escrito un poema relacionado con la garza para

---

[81] *vulto:* rostro.

un concurso en el que se imponía ese tema); bobadas que además complica *(reptiliza y subterpone)* con su estilo enrevesado [estr. 1.ª]. Dice que Dios creó a Góngora como un pequeño cosmos (lo *microcosmó*) en el que en vez de planetas hubiera inquiridiones (se llamaba a sí a distintos tratados que abordaban temas curiosos o intrincados), y que el propio Góngora desea que (sus lectores) lo investiguen (investiguen sus poemas, en vez de leerlos) del modo en que se investigan las medallas romanas, los priscos (frutos parecidos al melocotón), los estigmas (huellas en la piel a las que se atribuía significado divino) o las cosas antiguas de poco valor *(antiguallas)*, y que desea todo eso con el fin de engañar y despistar *(desitinerar)* a los aprendices de poetas *(vates tirones)* que lo imitan [estr. 2.ª]. Comenta que su rareza *(forasteridad)* es tan de fuera *(eximia)*, que quien lo lea (como rumiando, con dificultad para «masticar» lo leído) lo injuriará *(detractar)*, pues (en vez de componer poemas) eructa *(ructas)* malos efluvios *(cacoquimia)* procedentes de sus vísceras *(viscerables)* [estr. 3.ª], y lo hace envenenado *(farmacoforolando)* como una hechicera *(numia)*, pues (con sus poemas) provoca una pesadez de estómago *(estomacabundancia)*, la cual es además insustancial (*nimia;* quizá alude a la supuesta falta de contenido de sus escritos, acusándolos también de indigestos), y todo ello lo hace cambiando como por hechizo *(metamorfoseando)* el alimento arcaico que ofrece (el *arcadumia;* es decir, transformando y retorciendo el lenguaje de los poemas que escribe) [estr. 4.ª]. Véase la nota 12, que intenta justificar la interpretación de estas palabras inventadas por Quevedo.

CONTRA EL MESMO [GÓNGORA]

¿Qué captas, noturnal, en tus canciones,
Góngora bobo, con crepusculallas,
si cuando anhelas más garciboballas
las reptilizas más y subterpones?

5   Microcosmóte Dios de inquiridiones,
y quieres te investiguen por medallas
como priscos, estigmas o antiguallas,
por desitinerar vates tirones.

Tu forasteridad es tan eximia,
10   que te ha de detractar el que te rumia,
pues ructas viscerable cacoquimia,

farmacofolorando como numia,
si estomacabundancia das tan nimia,
metamorfoseando el arcadumia[82].

GÓNGORA CONTRA QUEVEDO
IV. 8

G ÓNGORA. Soneto. Se dirige a Quevedo, llamándole «Anacreonte», después de que éste tradujera los versos del Pseudoanacreonte (que entonces se atribuían a aquel poeta) del griego, quizás tomándolos de una traducción francesa. Recuerda que Quevedo es cojo (*pies de elegía:* el ritmo del último pie o unidad rítmica del verso elegíaco era más corto que los otros) y al tiempo le acusa de hacer muchos versos ásperos (sugiere *pies de lejía*), y de robar los buenos (*suavidades de arrope* sugiere «versos armoniosos robados»; ver nota al ver-

---

[82] *farmacoforalando* podría ser «farmacoporolando», verbo inventado a partir de «farmacopola» («venta de fármacos»), con el significado de «envenenando»; *numía* parece «lumia», («hechicera» en dialecto santanderino, quizá derivado de «lamia»); *estomacabundancia* indica abundancia, pesadez de estómago; *arcadumia* recuerda a la palabra «condumio» («alimento de acompañamiento»), mezclada arbitrariamente con «arcaico» («antiguo y en desuso», que suele usarse para referirse al lenguaje).

so) [estr. 1.ª]. Lo acusa de comportarse como el dramaturgo
Lope (*terenciano,* seguidor de Terencio, dramaturgo latino), y
de paso aprovecha para asegurar que el propio Lope debería
dedicarse sólo a sus obras de teatro, y no a la poesía (es decir,
no montar de vez en cuando, calzando espuelas sobre los zuecos
que utilizaban los actores cómicos romanos, a Pegaso, caballo
que montaba *Belerofonte* y que era amado por las musas, inspi-
radoras de la poesía) [estr. 2.ª]. Se sorprende de que, como en
un antojo (alude también a sus anteojos), quiera traducir los
versos griegos con cuidado, pese a no haber mirado nunca un
texto en griego [estr. 3.ª]. Finalmente establece un juego de
sentido: como si estuviera pidiéndole los versos de su traduc-
ción para verlos, sacar a la luz algunos no muy bien construidos
(*flojos*) y enseñarle así a entender griego, dice en realidad que
tomará los versos para limpiarse el culo (*ojo ciego*), pues quiere
evacuar su vientre con flojera (sugerido en la expresión *sacar a
la luz ciertos versos flojos*), y enseñarle luego a entender *grue-
güesco* (que no es «griego» sino «calzón») [estr. 4.ª].

A DON FRANCISCO DE QUEVEDO

Anacreonte español, no hay quien os tope,
que no diga con mucha cortesía,
que ya que vuestros pies son de elegía,
que vuestras suavidades son de arrope[83].

5   ¿No imitaréis al terenciano Lope,
que al de Belerofonte cada día
sobre zuecos de cómica poesía
se calza espuelas, y le da un galope?

---

[83]   *arrope:* zumo de frutas cocido, en jarabe muy dulce. Pero con esa
palabra Góngora sugiere el verbo «arropar», y (puesto que «ropa» es
palabra que proviene de *«roba»,* «botín», además de «ajuar», derivada a
su vez de *«robar»*) que los versos melodiosos (*suavidades*) de Quevedo
son robados (*de arrope*).

Con cuidado especial vuestros antojos
10   dicen que quieren traducir al griego,
no habiéndolo mirado vuestros ojos.

Prestádselos un rato a mi ojo ciego,
porque a luz saque ciertos versos flojos,
y entenderéis cualquier gregüesco luego.

IV. 9

GÓNGORA. Soneto. Habla de Quevedo, aludiendo a su nombramiento como caballero de la orden de Santiago (de ahí que lo muestre como peregrino o *romero* camino de Santiago). Incluye todo un vocabulario que, además de su sentido dentro del poema, posee otro que lo relaciona con el vino (*devota:* de bota; *romero:* planta utilizada para aromatizar el vino; *cuero:* pellejo de vino; *zorrero:* borracho; *Brindis; Roque:* dormido; *aloque:* designación del vino clarete por su color), además de palabras que sugieren por su sonido la palabra «vino» *(esclavina, venera, vano)* o el nombre del dios del vino Baco *(báculo);* incluye, también, la sugerente expresión *sin hacer agua* (sin añadir agua al vino para rebajarlo), y cambia el nombre del faro de Mesina (en Sicilia) por el de *faro de Cecina* (la cecina es una carne seca y salada que provoca sed), y el de Santiago (ciudad) por el de *San Trago.*

Comenta que Quevedo, extrañamente *(de forma peregrina)* ha pasado de poeta a romero, y que, como romero, serviría a los barberos para lavar: para lavar las disciplinas (heridas provocadas por la disciplina: especie de látigo que tenía, entre otros usos, el del autocastigo corporal religioso; los barberos, también sanadores, las lavaban con hojas de romero) [estr. 1.ª]. Habla de su atuendo de romero: esclavina (vestidura que se cuelga del cuello y cubre los hombros) y báculo, comentando que caminaba siempre el último de la romería, como un *bajel zorrero* (último de la escuadra) que navegara desde el faro de Mesina hasta el puerto de Brindisi [estr. 2.ª]. Nos recuerda su cojera, similar a la de San Roque (al que se representa mostrando una llaga en su pierna), pero no por culpa de *landre* o llaga alguna (sugiere que a causa de la bebida), y nos recuerda que lleva una concha vacía *(venera vana)* colgada al cuello (como hacían los peregrinos) [estr. 3.ª], que en su pecho luce bordada una cruz de Santiago de color rojo *(aloque),* indicando además que camina y llega a Santiago, pese a su cojera [estr. 4.ª].

AL MISMO

Cierto poeta, en forma peregrina
cuanto devota, se metió a romero,
con quien[84] pudiera bien todo barbero
lavar la más llagada disciplina.

5   Era su benditísima esclavina,
en cuanto suya, de un hermoso cuero,
su báculo timón del más zorrero
bajel, que desde el Faro de Cecina

a Brindis, sin hacer agua, navega.
10   Este sin landre claudicante Roque,
de una venera justamente vano,

que en oro engasta, sancta[85] insignia aloque,
a San Trago camina, donde llega:
que tanto anda el cojo como el sano.

---

[84] *con quien:* con el que (alude al romero como planta, pero también al poeta-romero).
[85] *sancta:* santa.

V. LEJOS DEL RUIDO

*C*OMIENZA *este apartado con poemas referidos al ajetreo de vivir, a la desazón que provoca el tener que enfrentarse a innumerables problemas y tentaciones. De ellos se deduce una concepción de la vida (fomentada por la cultura religiosa de la época) como un valle de lágrimas, como camino de sufrimiento, con la posibilidad de la salvación del alma como premio y único consuelo (n.º 1 de Lope), pero también con la condena como castigo (n.º 2 de Quevedo); y, consecuentemente, las ambiciones cortesanas, el deseo de medrar, el apetito sexual, la valoración de la hermosura y de la juventud..., anhelos inherentes al hombre, se convierten en quimeras vanas, en distracciones para el alma, que debería ocuparse mejor en prepararse para la muerte (ver, en el apartado «VI. La brevedad de la vida», el motivo «Prevenir la muerte»). Lope (n.º 3), con el especial humor de su otro yo Tomé Burguillos, añade al tema su concepción (extraída sin duda del Eclesiastés bíblico: «Nada nuevo hay bajo el sol») de las costumbres como inmutables a lo largo de todos los tiempos, lo que poco menos que viene a derrumbar las leves posibilidades de esperanza que quedaban en el género humano. Por su parte, Góngora nos presenta, con humor amargo, su queja de hambre, puesto que no le llega una pensión que le ha prometido el valido Olivares: un texto que ilustra perfectamente los quebraderos de cabeza que hasta los de buena familia sufrían para intentar asegurar su futuro (n.º 4).*

En «Los placeres humildes» tenemos una muestra bien clara de cómo los barrocos llevaron al extremo el motivo de la «dorada mediocridad» (aurea mediocritas

*en latín). No se da aquí simplemente una exaltación de
la vida sin lujos. Nos hallamos más bien ante poesías en
la línea de las practicadas por los goliardos (poetas estu-
diantes y vagabundos que viajaban por Europa vivien-
do de sus composiciones latinas, entre lo culto y lo popu-
lar). Quevedo (n.º 5) nos da una visión báquica de la
vida; y en el famoso «Ande yo caliente», Góngora, que
lo compuso en su juventud (n.º 6), repasa las costum-
bres supuestamente placenteras de los cortesanos, asegu-
rando que nunca las cambiaría por lo que más le agra-
da: comer y beber bien.*

*El menosprecio de corte, acompañado por lo gene-
ral de la alabanza de aldea, es un motivo íntima-
mente ligado con el anterior. El poeta latino Horacio
inició el tema con su* Beatus ille *(«Bendito aquél»);
esas dos palabras que abren su poema han pasado a
designar el motivo, convertido en tópico literario (ver
la traducción del poema, con breve comentario, en el
apéndice). Traemos, en la esfera del poema horacia-
no, pero con muchos precedentes más directos, un
poema de Góngora (n.º 8) en el que se critica la hipo-
cresía de la vida cortesana con alusiones a Madrid: un
buen cuadro satírico de la vida en el siglo XVII. Queve-
do (n.º 9), como en muchas ocasiones, salta en el tiempo
para situarse en la época romana: habla un campesino
que recuerda con disgusto cómo probó fortuna en la
corte.*

*Así pues, el deseo de retirarse al campo es uno de los
motivos barrocos más usuales (acordemente con la vida
esforzada que en la época se vieron impelidos a practi-
car los poetas en la corte), pero nos descubre un tema
quizá más sugerente y específicamente barroco: el fraca-*

*so y la caída. De nuevo encontramos a Góngora supli-
cando ayuda (n.ºs 10 y 12), esta vez sin humor, simu-
lando ser un sacerdote (lo era) que entrega su hábito o
un condenado a muerte (parece cierto que sus apuros
llegaron a ser agobiantes, aunque no sabemos si se ha-
bría ido de Madrid de no haber enfermado). Y de
nuevo Quevedo (n.º 11) se sitúa en tiempo romano,
para hablarnos ahora de la derrota de un pretendiente
(el arranque de su poema imita una sátira del poeta
Juvenal, también latino).*

* * *

VIDA AJETREADA
V. 1

L OPE. Soneto. Tras describir el sinsentido del proceso
vital del hombre (desde su concepción hasta la desinte-
gración de su cadáver) [estr. 1.ª], constata la vacuidad
de sus anhelos más comunes (la hermosura, la ambición, la
fama, la gloria) y de su propio pensamiento [estr. 2.ª]. Se
pregunta por la razón de vivir, concluyendo que, puesto que
nadie vive solamente para morir *(en este mar anegarse)* y no
hay utilidad alguna en ambicionar cosas falsas o vanas *(quime-
ras),* la razón única es la búsqueda de salvación religiosa ante
el peligro de condenarse [estr. 3.ª]. Considera vanos el amor a
uno mismo, la pretensión de dejar memoria en los otros,
cuando con el tiempo todo se olvida, y todo afán creativo
(edificar), teniendo en cuenta que al fin se ha de morir *(partir)*
[estr. 4.ª].

Si culpa, el concebir; nacer, tormento;
guerra, vivir; la muerte, fin humano;
si después de hombre, tierra y vil gusano,
y después de gusano, polvo y viento;

5   si viento, nada, y nada el fundamento;
flor, la hermosura[86]; la ambición, tirano;
la fama y gloria, pensamiento vano,
y vano, en cuanto piensa, el pensamiento,

¿quién anda en este mar para anegarse?
10 ¿De qué sirve en quimeras consumirse,
ni pensar otra cosa que salvarse?

¿De qué sirve estimarse y preferirse,
buscar memoria habiendo de olvidarse,
y edificar, habiendo de partirse?

V. 2

QUEVEDO. Soneto. Repasa las edades del hombre, aten-
diendo a las calamidades que en cada una de ellas se
soportan: la infancia, con el llanto, la suciedad, la
somnolencia (la «mu», en el lenguaje familiar de las madres),
los balbuceos («mama» y «coco»), las enfermedades y los juegos
molestos [estr. 1.ª]; la juventud, dominada primero por la pa-
sión amorosa (que aprovechan las mujeres con la sonsaca de
dinero) y, luego, por la ambición (que lleva a la maldad) [estr.
2.ª], la madurez, en la que a todo se da vuelta y todo se
confunde (se trabuca): si el hombre es soltero, persigue prostitu-
tas (perendecas) y si es casado busca a las mujeres de otros
(como hace el cuclillo, cuca, al poner huevos en nido ajeno)

---

[86] La hermosura es una flor, por lo breve de su vida.

[estr. 3.ª]. Por último, en la vejez, llega la muerte para revolver todo *(todo lo bazuca),* por lo que el hombre paga sus fechorías (en el juicio divino) [estr. 4.ª].

PRONUNCIA CON SUS NOMBRES
LOS TRASTOS Y MISERIAS DE LA VIDA

La vida empieza en lágrimas y caca,
luego viene la «mu», con «mama» y «coco»,
síguense las viruelas, baba y moco,
y luego llega el trompo y la matraca[87].

5   En creciendo, la amiga y la sonsaca:
con ella embiste el apetito loco;
en subiendo a mancebo, todo es poco,
y después la intención peca en bellaca.

Llega a ser hombre y todo lo trabuca;
10 soltero sigue toda perendeca;
casado se convierte en mala cuca.

Viejo, encanece, arrúgase y se seca;
llega la muerte y todo lo bazuca,
y lo que deja paga, y lo que peca.

V. 3

L OPE (como Licenciado Tomé Burguillos). Soneto. Responde a una dama que le ha preguntado su opinión sobre los tiempos que corren. Afirma que todo sigue exactamente igual que en otras épocas, como era de esperar, y

---

[87] *matraca:* instrumento con el que jugaban los niños, compuesto de un tablero y varios mazos, que al sacudirlo producía un ruido molesto.

niega el tópico de que «todo tiempo pasado fue mejor», que suelen utilizar los viejos [estr. 1.ª]. Pues siguen alternándose la noche y el día, mejora o empeora la posición *(estado)* de las personas, y los ricos son felices, mientras que los pobres, como él, sufren [estr. 2.ª]. Recuerda una serie de calamidades que han existido siempre y sobreviven: pleitos de dinero, engaños de todo tipo (*mohatras:* ventas engañosas), robos (*flaquezas al quitar:* flaquezas o defectos que están a punto de corregirse, pero Lope alude también al vicio de robo), *naguas de espumas* (juego de palabras: parece decir que evidentemente sigue habiendo «aguas con espuma»; pero sugiere que sigue habiendo enaguas, *naguas,* sugestivas; la espuma posee connotaciones eróticas, pues de ella nació Venus, diosa del amor: «en aguas de espumas») [estr. 3.ª], como sigue habiendo noticias ciertas y falsas (recibidas algunas en las *estafetas* de correos, centros de reunión y habladurías), adulaciones, insultos de escritores... Concluye lamentándose de la cantidad de poetas que se ven [estr. 4.ª].

A UNA DAMA QUE LE PREGUNTÓ QUÉ TIEMPO CORRE

El mismo tiempo corre que solía,
que nunca de correr se vio cansado;
deciros que es mejor[88] el que ha pasado,
demás[89] de necedad, vejez sería;

5   o mayor o menor, hay noche y día;
sube u declina, Filis, todo estado;
dichoso el rico, el pobre desdichado;
con que sabréis cuál fue la estrella mía.

---

[88] *mejor:* las ediciones consultadas dan *menor.* Parece errata.
[89] *demás:* además.

Hay pleitos, y de aquéstos[90], grandes sumas;
10   trampas, mohatras, hurtos, juegos, tretas,
flaquezas al quitar, naguas de espumas;

nuevas, mentiras, cartas, estafetas,
lenguas, lisonjas, odios, varas, plumas,
y en cada calle cuatro mil poetas.

V. 4

GÓNGORA. Soneto. Comenta la tardanza de una pensión de dinero (quizá una que le prometió a Góngora el conde duque de Olivares, valido de Felipe IV) cuando se halla cerca de morir (con el pie *mío en la huesa,* fosa). Afirma que la aceptará sin mirarla, sea pequeña o grande, para comer (para *dar más luz al mediodía,* como podría decirse que hace el almuerzo) [estr. 1.ª], pues (como tiene hambre), incluso le conforta *(nos conhorta)* ver mesas de mirto *(mesas de murtas:* adornos que se hacían en los setos de los jardines; da a entender que una mesa preparada para comer le parece imposible) podadas con el filo o el lomo de las cuchillas de las tijeras (sugiere, en juego de palabras, la *punta* y el *lomo,* piezas o cortes que hacían los carniceros a la res); también le encanta escuchar palabras como la portuguesa *ollai* (*olhai:* «mirad», que le recuerda a la expresión «olla hay»), o el nombre de la ciudad francesa *Como* (que en realidad es del noroeste italiano, y pertenecía por entonces a los tercios de España) [estr. 2.ª]. No soporta usar *borceguí* (zapato resistente de cuero, para caminar por el lodo de la ciudad, puesto que no tiene dinero para coche) y lleva años sin encender su chimenea con astillas *(raja)* de encina o de olivo (madera aromática usada para cocinar) [estr. 3.ª]. Concluye volviendo a lamentarse de la tardanza de la pensión, pero

---

[90] *de aquéstos:* por éstos.

espera que llegue, aunque tarde, pues con ella podrá dejar de
acostarse en ayunas *(ayuno)* [estr. 4.ª].

DILATÁNDOSE UNA PENSIÓN
QUE PRETENDÍA

Camina mi pensión con pie de plomo,
el mío, como dicen, en la huesa;
a ojos yo cerrados, tenue o gruesa,
por dar más luz al mediodía la tomo.

5   Merced de la tijera, a punta o lomo,
nos conhorta aun de murtas una mesa;
«ollai» la mejor voz es portuguesa,
y la mejor ciudad de Francia, Como.

No más, no, borceguí; mi chimenea,
10 basten los años que ni aun breve raja
de encina la perfuma o de aceituno.

¡Oh cuánto tarda lo que se desea!
Llegue; que no es pequeña la ventaja
del comer tarde al acostarse ayuno[91].

LOS PLACERES HUMILDES
V. 5

QUEVEDO. Soneto. Valora los placeres humildes frente
a los sofisticados: la sopa tomada en un cuscurro de
pan *(cantón),* o la bebida con moscas y posos de la
mala destilación *(zurrapa)* [estr. 1.ª], o la ropa hecha de tela

---

[91] Es decir: que va mucho de comer tarde a acostarse en ayunas.

basta *(estopa)* que nadie quiere robar [estr. 2.ª], o llenar la tripa
con alimentos buenos y no caros, y estar siempre cerca de su
tonel de vino *(pipa)*, como Píramo de Tisbe (enamorados mito-
lógicos que se suicidaron por creer cada uno que el otro había
muerto) [estr. 3.ª]. Considera que está mejor quien se confor-
ma con mirar a quien intenta prosperar *(quien trepa)* o asirse a
la *Fortuna* (que en ocasiones se representaba como una rueda
de noria a la que se agarraban los hombres, pasando por mo-
mentos de estar arriba a estar abajo), y aprecia no guardar
ninguna compostura (pues no disimula el eructo o *regüeldo* con
hipidos, como otros más finos), pendiente sólo de tener vino
(asido a cepa) [estr. 4.ª].

PREFIERE LA HARTURA Y SOSIEGO
MENDIGO A LA INQUIETUD MAGNÍFICA
DE LOS PODEROSOS

Mejor me sabe en un cantón la sopa,
y el tinto con la mosca y la zurrapa,
que al rico, que se engulle todo el mapa,
muchos años de vino en ancha copa.

5   Bendita fue de Dios la poca ropa,
que no carga los hombros y los tapa;
más quiero menos sastre que más capa:
que hay ladrones de seda, no de estopa.

Llenar, no enriquecer, quiero la tripa;
10 lo caro trueco a lo que bien me sepa:
somos Píramo y Tisbe yo y mi pipa.

Más descansa quien mira que quien trepa;
regüeldo yo cuando el dichoso hipa,
él asido a Fortuna, yo a la cepa.

V. 6

*G*ÓNGORA. Letrilla. Afirma que valora sólo los placeres del comer, beber y holgar, y los compara con cosas que parecen preocupar a todos y a él no le afectan: las ambiciones políticas [estr. 1.ª], la comida elaborada de los ricos [estr. 2.ª], el propio invierno y sus incomodidades [estr. 3.ª], la avaricia de los mercaderes [estr. 4.ª] y los conflictos amorosos [estr. 5.ª y 6.ª].

> *Ándeme yo caliente*
> *y ríase la gente.*
>
>   Traten otros del gobierno
> del mundo y sus monarquías,
> 5   mientras gobiernan mis días
> mantequillas y pan tierno,
> y las mañanas de invierno
> naranjada y agua ardiente,
> *y ríase la gente.*
>
> 10   Coma en dorada vajilla
> el Príncipe mil cuidados[92],
> como píldoras[93] dorados;
> que yo en mi pobre mesilla
> quiero más una morcilla
> 15   que en el asador reviente,
> *y ríase la gente.*

---

[92] *cuidados:* sugiere «platos elaborados con esmero», pero también «preocupaciones» de príncipe.

[93] *píldoras:* pastillas esféricas: quizá alude a ciertos purgantes. «Dorar la píldora»: endulzar, presentar como agradable lo desagradable.

Cuando cubra las montañas
de blanca nieve el Enero,
tenga yo lleno el brasero
20   de bellotas y castañas,
y quien las dulces patrañas
del Rey que rabió[94] me cuente,
y ríase la gente.

Busque muy en hora buena
25   el mercader nuevos soles[95];
yo, conchas y caracoles
entre la menuda arena,
escuchando a Filomena[96]
sobre el chopo de la fuente
30   *y ríase la gente.*

Pase a media noche el mar
y arda en amorosa llama
Leandro por ver su dama[97];
que yo más quiero pasar
35   del golfo de mi lagar
la blanca o roja corriente[98],
y ríase la gente.

---

[94] «Hablar del rey que rabió» era hablar de cosas antiguas, sin valor en la actualidad.

[95] *nuevos soles:* nuevos países para comerciar.

[96] *Filomena:* el ruiseñor (Filomena o Filomela es el nombre de una princesa griega, convertida por los dioses en ruiseñor para que pudiera escapar de cierta venganza).

[97] Leandro pasaba a nado cada noche el Helesponto (estrecho que separa Asia de Europa) para ver a escondidas a su amada Hero. Murió ahogado, al apagarse el farol durante una tormenta.

[98] Es decir: prefiero nadar en vino blanco o tinto; *golfo:* en el sentido de «extensión amplia de mar».

Pues Amor es tan crüel,
que de Píramo y su amada
40   hace tálamo una espada
do[99] se junten ella y él,
sea mi Tisbe un pastel[100],
y la espada sea mi diente,
y ríase la gente.

MENOSPRECIO DE CORTE
V. 7

Q UEVEDO. Soneto. Se dirige a un amigo campesino sin
dar su nombre. Le encarece la dicha de que haya vivi-
do siempre *(mozo y viejo)* en el campo, respirando aire
puro *(espiraste el aura pura),* en una choza humilde, con techo
de paja y una estera por suelo (fabricada de *espadaña)* [estr.
1.ª], en soledad, contemplando con calma el paso lento del
tiempo (*la vida más espacio dura:* más despacio) [estr. 2.ª],
despreocupado de la política (sin *contar* o nombrar los *años* por
el nombre de los *cónsules* que gobernaban, como hacían los
romanos cortesanos), y atento sólo a las cosechas, sin recibir
engaños de nadie [estr. 3.ª]. Señala la paradoja de aprovecharse
del desconocimiento de los problemas cortesanos (el anhelo de
premios, o las acusaciones y los insultos que se reciben, provo-
cadas por tal anhelo), y de conseguir enriquecerse *(te dilatas)* a
base de pobreza y estrecheces [estr. 4.ª].

---

[99] *do:* donde.
[100] Píramo y su amada Tisbe tenían una cita amorosa que acabó en
el suicidio de ambos con una misma espada (el de Píramo, porque
encontró el velo de Tisbe desgarrado por un león; el de Tisbe, que se
había escapado del león por los pelos, porque encontró a Píramo muer-
to). Sugiere que ama más la comida que a las mujeres.

A UN AMIGO QUE RETIRADO
DE LA CORTE PASÓ SU EDAD

Dichoso tú, que, alegre en tu cabaña,
mozo y viejo espiraste la aura pura,
y te sirven de cuna y sepoltura
de paja el techo, el suelo de espadaña.

5   En esa soledad, que, libre, baña
callado sol con lumbre más segura,
la vida al día más espacio dura,
y la hora, sin voz, te desengaña.

No cuentas por los cónsules los años;
10   hacen tu calendario tus cosechas;
pisas todo tu mundo sin engaños.

De todo lo que ignoras te aprovechas;
ni anhelas premios, ni padeces daños,
y te dilatas cuanto más te estrechas.

V. 8

*G*ÓNGORA. Soneto. Enumera los habitantes de la corte y
sus defectos: la presunción y el egoísmo de los más
nobles (llamados grandes, y tan presumidos que los
compara con los elefantes y los rinocerontes o *abadas*), los
cuales se tildan de *liberales* (lo que significa «generosos») pero
son tacaños (como *rocas*); los que son nobles sólo porque lo
dicen ellos *(gentiles hombres sólo de sus bocas);* los que prefieren
que les den sus títulos en italiano (*illustri cavaglier,* «caballeros
ilustres»; lo hacían así por moda presuntuosa) y muestran des-
caradamente sus atributos de nobleza (como las *llaves doradas,*
atributo de los camareros del rey que se colgaban algunos del
cuello) [estr. 1.ª]; los nobles, pero muy pobres, que intentan

ocultar la pobreza de sus vestiduras remendándolas; las damas hipócritas (*de haz y envés:* con dos caras) y las viudas que se quitaban el velo para parecer solteras; los ricos ignorantes que llevaban coches con demasiados caballos (los más lujosos de seis; aquí de ocho, porque se considera *bestias* a los pasajeros) [estr. 2.ª]; el aspecto de los cortesanos oportunistas y pobres *(catarriberas)* que vagaban de un lado para otro buscando cómo medrar. Condena que se resuelvan los problemas militares con discusiones jurídicas (acudiendo a pedir consejo a los *Bártulos,* jurisconsultos de derecho civil, y a los *Abades,* de derecho religioso), y los verdaderos problemas legales con duelos [estr. 3.ª]. Critica la costumbre de hacer casas de un solo piso (*casas a la malicia,* las hacían así para no tener que dar alojamiento al personal del rey), las malas intenciones de los ciudadanos *(pechos a la malicia)* y el estado de las calles de la corte, con un lodo repleto de inmundicias y excrementos *(perejil y yerbabuena).* Concluye que la corte no le interesa [estr. 4.ª].

> Grandes, más que elefantes y que abadas,
> títulos liberales como rocas,
> gentiles hombres, sólo de sus bocas,
> *illustri cavaglier,* llaves doradas;
>
> 5   hábitos, capas digo remendadas,
> damas de haz y envés, viudas sin tocas,
> carrozas de ocho bestias, y aun son pocas
> con las que tiran y que son tiradas;
>
> catarriberas, ánimas en pena,
> 10 con Bártulos y Abades la milicia,
> y los derechos con espada y daga;
>
> casas y pechos, todo a la malicia;
> lodos con perejil y yerbabuena:
> esto es la Corte. ¡Buena pro [101] les haga!

---

[101] *Buena pro:* buen provecho.

V. 9

QUEVEDO. Soneto. Se dirige a Fabio. Le da noticia de que, cuando la sepultura *(sepoltura)* espera a que sea enterrado en ella el cuerpo, ya viejo, como semilla *(por semilla),* trabaja en el campo [estr. 1.ª]. Se disculpa de esta supuesta *locura* alegando que es un trabajo menos cansado que el de pretendiente en la corte, que ya intentó con gran sufrimiento *(probé la pretensión con mi cuidado)* [estr. 2.ª], pues en el campo *(aquí)* recoge lo que siembra, mientras que en la corte *(allá)* perdía todo nada más conseguirlo [estr. 3.ª]. Concluye que prefiere depender de los caprichos de la climatología (como agricultor), a estar pendiente de las previsiones de los astrólogos, contrarias a la religión *(infiel)* [estr. 4.ª].

ENSEÑA QUE, AUNQUE TARDE, ES MEJOR RECONOCER EL ENGAÑO DE LAS PRETENSIONES Y RETIRARSE A LA GRANJERÍA DEL CAMPO

Cuando esperando está la sepoltura
por semilla mi cuerpo fatigado,
doy mi sudor al reluciente arado
y sigo la robusta agricultura.

5   Disculpa tiene, Fabio, mi locura,
si me quieres creer escarmentado:
probé la pretensión con mi cuidado,
y hallo que es la tierra menos dura.

Recojo en fruto lo que aquí derramo,
10 y derramaba allá lo que cogía:
quien se fía de Dios sirve a buen amo.

Más quiero depender del sol y el día,
y de la agua[102], aunque tarde, si la llamo,
que de l'áulica[103] infiel astrología.

RETIRO
V, 10

*G*ÓNGORA. Soneto. Góngora se había ordenado sacerdo-
te para ejercer de capellán (véase verso 9) en Madrid.
En este poema simula el discurso de un religioso que
devuelve el hábito y abandona su convento (alude, en juegos de
palabras, a varias órdenes religiosas: la Merced, la Compañía de
Jesús, el Carmen o Carmelo (carmelitas descalzos), y los
Mínimos; también alude a los votos con que se obligaban los
religiosos: ir *descalzo, voto cuadragesimal* (o de ayuno, el que se
hacía, como en cuaresma, pero durante todo el año), *hacer
desengaño* (con el sentido de enclaustrarse...). Pero el poema
deja entender, además, el discurso de un hombre que se retira a
su provincia tras haber tratado de hacer carrera como cortesano.

Se dirige primero a los oyentes congregados [estr. 1.ª y 2.ª],
y luego al superior de la orden *(corrector)* [estr. 3.ª y 4.ª].
Afirma que no ha recibido favores *(despedido de la merced,* del
favor), lo que lo lleva a (abandonando el convento) regresar con
sus familiares y amigos *(deudos),* con muchas deudas [estr. 1.ª].
Se excusa por ser poeta (ser del *carmen,* «cántico» en latín).
Entrega figuradamente su hábito *(el hábito que se me entregó un
día)* insistiendo en que regresa, pobre *(descalzo),* a Andalucía
[estr. 2.ª]. Se considera de mínima condición, indigno *(indino)*
de Dios *(el mayor Rey;* alude también al rey del imperio espa-
ñol, Felipe IV por entonces) [estr. 3.ª], y, tras afirmar que lo

---

[102] *la agua:* el agua (la de la lluvia).
[103] *l'áulica:* la áulica: cortesana, palaciega.

V. LEJOS DEL RUIDO

lleva el destino, presenta (pues no tiene dinero para comer)
voto de ayuno y constata su desengaño [estr. 4.ª].

DETERMINADO A DEJAR SUS PRETENSIONES
Y VOLVERSE A CÓRDOBA

De la Merced, señores, despedido,
pues lo ha querido así la suerte mía,
de mis deudos iré a la Compañía,
no poco de mis deudas oprimido.

5   Si haber sido del Carmen culpa ha sido,
sobra el que se me dio hábito un día:
huélgome que[104] es templada Andalucía,
ya que vuelvo descalzo al patrio nido.

Mínimo pues, si capellán indino
10 del mayor Rey (Monarca al fin de cuanto
pisa el sol, lamen ambos oceanos[105]),

la fuerza obedeciendo del destino,
el cuadragesimal voto en tus manos,
desengaño haré, corrector santo.

V. 11

Q UEVEDO. Soneto. Simula el discurso de un romano
que se dispone a retirarse de la ciudad. Afirma su
deseo de exiliarse, desengañado, a Cumas (ciudad ita-
liana en la costa de Campania, cerca de Nápoles, donde había
un santuario de Apolo en el que habitaba una Sibila, sacerdoti-

---

[104] *huélgome que:* me huelgo (me alegro) de que.
[105] *oceanos:* océanos.

sa y profetisa del dios, que además era inmortal). Describe el
lugar como entrada del infierno (por allí descendió el troyano
Eneas a los infiernos, con la vieja Sibila como guía): una especie
de volcán, cuyo *líquido fuego,* como lava blancuzca *(en traje de
nieves)* es destilado por un mar subterráneo *(oculto)* [estr. 1.ª].
Su tristeza se conforta al pensar que ya no tiene ambición (la
cual se representaba como una mujer con alas), algo que consi-
dera conveniente, puesto que se aproxima la muerte (oye el
ruido de las tijeras con que *la Parca,* deidad mitológica que
regía el destino como una hilandera, cortará el hilo de su vida,
y por tanto las plumas de su ambición) [estr. 2.ª]. Tras indicar
que fue oprimido tanto al hacer el bien como el mal [estr. 3.ª],
como si fuera la única víctima posible, y que sus errores nada le
han proporcionado, solicita para esos pecados el mismo olvido
que suele padecer la virtud [estr. 4.ª].

RETIRO DE QUIEN EXPERIMENTA
CONTRARIA LA SUERTE, YA PROFESANDO
VIRTUDES, Y YA VICIOS

Quiero dar un vecino a la Sibila
y retirar mi desengaño a Cumas,
donde, en traje de nieve, con espumas
líquido fuego oculto mar destila.

5   El son de la tijera que se afila
oyen alegres mis desdichas sumas;
corta a su vuelo la ambición las plumas[106],
pues ya la Parca corta lo que hila.

Fui malo por medrar: fui castigado
10   de los buenos; fui bueno: fui oprimido
de los malos, y preso, y desterrado.

---

[106] Es decir: la ambición le corta las plumas a su propio vuelo.

Contra mí solo atento el mundo ha sido,
y pues sólo fue inútil mi pecado,
cual si fuera virtud, padezca olvido.

V. 12

GÓNGORA. Soneto. Se dirige a Dios (y, en discurso paralelo, al conde duque de Olivares, valido del rey Felipe IV). Simula la oración (confesión y ruego de piedad) de un condenado a muerte (y sugiere, en el discurso paralelo, la petición de ayuda a Olivares, ante su propia partida de la corte hacia Córdoba, *expulso,* expulsado, a la que se ve obligado por falta de recursos). Describe cómo se halla, como condenado, orando en capilla, y se lamenta de que la causa (de su supuesto delito y de su condena) haya sido el hambre [estr. 1.ª]. Se acusa sólo de ser desdichado y de baja *(encogida)* condición social [estr. 2.ª], y está dispuesto a sostenerlo bajo el tormento que recibirá (en el que se le aplicará *hierro agudo)* con la ayuda de la piedad de Dios [estr. 3.ª]. Solicita con su oración de versos armoniosos *(números)* que se le escuche y se tenga piedad de él, alegando que mientras caía en la pobreza no protestó *(el encogimiento ha sido mudo)* [estr. 4.ª].

AL EXCELENTÍSIMO SEÑOR
EL CONDE DUQUE [DE OLIVARES]

En la capilla estoy, y condenado
a partir sin remedio desta vida;
siento la causa aun más que la partida,
por hambre expulso como sitïado.

5   Culpa sin duda es ser desdichado;
mayor[107], de condición ser encogida.
De ellas me acuso en esta despedida,
y partiré a lo menos confesado.

     Examine mi suerte el hierro agudo,
10 que a pesar de sus filos me prometo[108]
alta piedad de vuestra excelsa mano.

     Ya que el encogimiento ha sido mudo,
los números, Señor, deste soneto
lenguas sean y lágrimas no en vano.

---

[107] *mayor:* se sobrentiende: mayor culpa.
[108] *me prometo:* espero.

VI. LA BREVEDAD DE LA VIDA

«*A*TRAPAR *el tiempo» es una expresión que traduce las palabras latinas* carpe diem, *que pertenecen también a un verso del poeta latino Horacio y dan nombre a este tópico poético. El tema es anterior a él. Y tras él lo planteó el poeta latino Ausonio, nacido en Burdeos, en el siglo IV de nuestra era (cuya expresión* collige virgo rosas, *«coge doncella rosas», una invitación a disfrutar de la juventud, pasó a designar también ciertas variantes del tópico). Hay que atrapar el tiempo porque llega la vejez, y con ella la fealdad, y entonces se lamenta no haberlo aprovechado. Hay que atrapar el tiempo porque llega la vejez, y con ella la muerte, y entonces se lamenta haber pecado. Ambas son las variantes principales del tema, tan inconciliables en su propuesta moral como iguales en su razonamiento. Ambas convivieron durante el Renacimiento. También en el Barroco, como veremos. De la variante que invita a la discreción, quizá en sí la más acorde con ese gusto barroco por la reflexión tenebrista, traemos dos ejemplos, uno de Quevedo, en que reprende a una joven utilizando el ejemplo de la brevedad de las flores (n.º 1; ver también el motivo «Flores» en el apartado «III. Naturaleza y arte»); y otro de Lope (n.º 2), que aborda el tema desde el elogio de la belleza de la muchacha a la que se dirige en términos petrarquistas (ver el apartado «II. La amada»).*

De Góngora son los tres excelentes ejemplos (n.ᵒˢ 3, 4 y 5) de carpe diem *como invitación al amor. En los dos sonetos sigue de cerca a Garcilaso, el admirado iniciador en España de los modos poéticos italianos. Se ha destacado el sombrío final del n.º 5, que entra de lleno* en esa desengañada concepción de la muerte barroca, borrando de un plumazo la alegría con que suele tratarse esta variante del tema. No ocurre así con su conocidísimo romance «Que se nos va la Pascua», que aborda el tema con el desparpajo de la poesía festiva, tan adecuada en este caso.

Un hilo finísimo separa los poemas de Quevedo y Lope sobre la belleza perdida de sus carpe diem. Ahora el discurso está dirigido a mujeres fuera de la juventud. En el de Quevedo (n.º 6) la interlocutora es una prostituta ya madura, a la que aconseja que deje su profesión. Quevedo, que parte, como otras veces, de un poema latino (ahora de Horacio), evita escrupulosamente dar a sus versos cualquier sentido moral: es, sin más, una crítica de la mujer por su pérdida de la belleza, en venganza de su acabada juventud seductora (como nos recuerda el título, puesto por su amigo González de Salas). El mismo aire tiene el de Lope (n.º 7), en el que se llega a afirmar que el tiempo ha vengado a los amantes antaño desdeñados por la dama, que ahora es vieja y fea, y de la que se afirma que está como muerta (ver, en relación con éste, los poemas contra feas en el apartado VIII).

Uno de los motivos más practicados en el Barroco (en cuya órbita parecen moverse los demás) es el de la brevedad de la vida. A estas alturas hemos visto ya muchísimos relacionados: las ruinas y el jardín; la corte que ocupa al hombre en sus afanes de medrar; el amor como deseo acuciante, o el otro, que lucha por superar el corto plazo vital; el arte que intenta pervivir; la caducidad de la belleza o de la gloria... Efectivamente, el tiempo parece azuzar cada verso de esta época (hay

*también hermosos poemas a los relojes, que no veremos).
Aquí hemos reunido poemas específicos sobre el breve
tiempo vital, visto por Góngora como una saeta de
vuelo veloz en cuyo final se halla la certera muerte (n.º
8), o por Quevedo como los golpes constantes de la
azada, que van agotando la vida (n.º 10). Fue el mis-
mo Quevedo el que hizo un genial y celebrado autorre-
trato barroco: «soy un fue y un será y un es cansado»
(n.º 9).*

*Es necesario, entonces, prevenir la muerte. Lope, con
su poema a la calavera (n.º 11), aborda el motivo en
un alarde de conocimiento pictórico, teatral y retórico,
tras el que apenas se contienen sentimientos plenamente
humanos, y lo hace enlazando con el tema de la belleza
caduca (o mejor, crispándolo muy barrocamente; ver
comentario al poema en el apéndice final); y luego en
uno de sus muchos poemas de arrepentimiento (n.º 13).
Góngora, al que siempre se le ha acusado de no ser
capaz de escribir un buen poema religioso, lo hace aquí,
sin duda (n.º 12).*

*El motivo siguiente se abre con un poema de Queve-
do (n.º 14, el conocido «Miré los muros de la patria
mía»), un ficticio paseo del poeta por las afueras de
Madrid, con el regreso a casa, del que emana el sabor a
muerte que las escenas y los objetos cotidianos podían
llegar a transmitir al poeta. Después, los n.ᵒˢ 15 y 16,
de Quevedo y Lope respectivamente, enuncian la sutil
teoría de la muerte en vida, muy propia de la mentali-
dad barroca: cada cambio que sufre el hombre a lo
largo de su vida es una muerte de parte de él (muere su
niñez, muere su juventud...). Saberlo es tener la posibi-
lidad de aceptar la muerte final, que no es sino la*

mejor, puesto que permite al hombre dejar atrás el lastre del cuerpo. Eso nos lleva directamente al motivo de la muerte deseada (n.º 17), en el que, siguiendo el razonamiento, Quevedo describe la muerte como ordenamiento final y necesario de la vida, ante el que hay que mostrarse agradecido.

Por último se cierra el apartado con una muestra de poesía funeral: la excelente de Quevedo a su protector Osuna (n.º 18), que arranca de una epístola del filósofo estoico latino Séneca, y cumple escrupulosamente las convenciones del género, que, sin embargo, suelen dar simples poemas de los que llamamos «de ocasión».

* * *

ATRAPAR EL TIEMPO:
INVITACIÓN A LA DISCRECIÓN
VI. 1

QUEVEDO. Soneto. Se dirige a Flora, joven y bella. Afirma que la naturaleza produce: la primavera *(mocedad del año);* los jardines, que ostentan sus flores con desvergüenza *(ambiciosa vergüenza);* las propias flores, como el clavel, con su color parecido a la púrpura (tinte rojizo para las ropas de los poderosos elaborado a partir de unos moluscos; el más famoso era el que se fabricaba en la Tiro fenicia) [estr. 1.ª], o la rosa, como la más bella *(diosa)* de las flores del campo y la más reluciente del jardín *(estrella)*, y también un árbol como el almendro, que cuando florece (antes de que llegue el calor) parece estar nevado [estr. 2.ª]. Dice a Flora que, al producir todos ellos, la naturaleza avisa al hombre de la fugacidad de la vida, pues todos caducan rápidamente [estr. 3.ª], por lo que Flora (indiscreta, por presumir de su belleza y utilizarla quizás para disfrutar del amor) se arrepentirá de sus errores tarde, con el dolor de verse vieja [estr. 4.ª].

CON EJEMPLOS MUESTRA A FLORA LA BREVEDAD DE LA HERMOSURA PARA NO MALOGRARLA

La mocedad del año, la ambiciosa
vergüenza del jardín, el encarnado
oloroso rubí, Tiro abreviado,
también del año presunción hermosa;

5   la ostentación lozana de la rosa,
deidad del campo, estrella del cercado;
el almendro, en su propria flor nevado,
que anticiparse a los calores osa[109],

reprehensiones son, ¡oh Flora!, mudas
10 de la hermosura y la soberbia humana,
que a las leyes de flor está sujeta.

Tu edad se pasará mientras lo dudas;
de ayer te habrás de arrepentir mañana,
y tarde y con dolor serás discreta.

---

[109] Porque florece tempranamente; *propria:* propia.

VI, 2

L OPE. Soneto. Se dirige a Laura, joven, bella y de vida
desordenada. Le pide que, antes de que sus labios
(comparables a la rosa) y su rostro (blanco como los
grumos de cera) envejezcan por el paso del tiempo (como la
rosa se seca bajo el viento primaveral, el *cierzo*) [estr. 1.ª], que
antes de que ello ocurra aproveche de verdad su juventud
(vista como primavera floreciente), no con el amor, pues quie-
nes hoy la persiguen huirán de ella con el tiempo [estr. 2.ª],
y, como la vejez aparecerá inesperada, mientras Flora esté
quizá entretenida en arreglarse [estr. 3.ª], le pide también que
actúe ya sin engañarse *(no te esquives)*, pues nadie se enamora-
rá de ella cuando hasta ella misma sea consciente de su vejez
[estr. 4.ª].

> Antes que el cierzo de la edad ligera
> seque la rosa que en tus labios crece,
> y el blanco de ese rostro, que parece
> cándidos[110] grumos de lavada cera,
>
> 5   estima la esmaltada primavera,
> Laura gentil, que en tu beldad florece,
> que con el tiempo se ama y se aborrece,
> y huirá de ti quien a tu puerta espera.
>
> No te detengas en pensar que vives,
> 10 oh Laura, que en tocarte[111] y componerte
> se entrará la vejez sin que la llames.

---

[110] *cándidos:* blancos.
[111] *en tocarte:* mientras te acicalas y arreglas.

VI. LA BREVEDAD DE LA VIDA

Estima un medio honesto, y no te esquives[112];
que no ha de amarte quien viniere a verte,
Laura, cuando a ti misma te desames.

ATRAPAR EL TIEMPO: INVITACIÓN AL AMOR
VI. 3

GÓNGORA. Soneto. Se dirige a la joven María. Compara el color rosáceo de sus mejillas con el de la aurora, la luz de sus ojos con la de Febo (dios del sol) [estr. 1.ª], su cabello dorado al viento *(hebra voladora)* con el oro de las vetas subterráneas *(venas)* de Arabia y de las arenas del Tajo [estr. 2.ª]. Y le pide que antes de que su belleza (semejante a la del sol) se acabe (o eclipse) por la llegada de la vejez de la vida (vista como noche para el día y como nubes que esconden la aurora) [estr. 3.ª], antes de que su pelo *(tesoro)* rubio encanezca quedando más blanco que la nieve, goce de los atributos de su belleza [estr. 4.ª].

Ilustre y hermosísima María,
mientras se dejan ver a cualquier hora
en tus mejillas la rosada aurora,
Febo en tus ojos y en tu frente el día,

5   y mientras con gentil descortesía
mueve el viento la hebra voladora
que la Arabia en sus venas atesora
y el rico Tajo en sus arenas cría[113];

---

[112] *no te esquives:* no te engañes.
[113] Proverbialmente, las arenas del Tajo abundaban en oro.

       antes que, de[114] la edad Febo eclipsado
10 y el claro día vuelto en noche obscura,
       huya la aurora del mortal nublado;

       antes que lo que hoy es rubio tesoro
       venza a la blanca nieve su blancura[115],
       goza, goza el color, la luz, el oro.

VI. 4

GÓNGORA. Romance. Se dirige a las mozas de su barrio.
Les pide que no confíen en el tiempo, engañadas por
su juventud, caduca como una flor [estr. 1.ª y 2.ª],
pues se descubre que se es viejo de pronto, cuando se pensaba
que aún se era joven [estr. 3.ª]. Pone ejemplos del mal estado
de viejas que en tiempos creyeron que serían siempre jóvenes
[estr. 4.ª y 5.ª] y pide a las mozas que, por tanto, mientras
pueden, aprovechen y disfruten el amor [estr. 6.ª].

      ¡Que se nos va la Pascua[116], mozas,
      que se nos va la Pascua!

      Mozuelas las de mi barrio,
      loquillas y confiadas,
5 mirad no os engañe el tiempo,
      la edad y la confianza.
      No os dejéis lisonjear
      de la juventud lozana,
      porque de caducas flores
10 teje el tiempo sus guirnaldas.

---

[114] *de:* por.
[115] Es decir: antes de que el cabello rubio encanezca.
[116] Es decir: la fiesta, la alegría, la juventud.

¡Que se nos va la Pascua, mozas,
que se nos va la Pascua!

    Vuelan los ligeros años,
y con presurosas alas
15 nos roban, como harpías[117],
nuestras sabrosas viandas.
La flor de la maravilla[118]
esta verdad nos declara,
porque le hurta la tarde
20 lo que le dio la mañana.
    ¡Que se nos va la Pascua, mozas,
que se nos va la Pascua!

    Mirad que cuando pensáis
que hacen la señal del alba
25 las campanas de la vida,
es la queda[119], y os desarman
de vuestro color y lustre,
de vuestro donaire y gracia,
y quedáis todas perdidas
30 por mayores de la marca[120].
    ¡Que se nos va la Pascua, mozas,
que se nos va la Pascua!

---

[117] *harpías* o *arpías:* seres mitológicos (aves con cabeza de mujer), que atormentaban al rey y profeta Fineo (por haber revelado demasiados secretos del destino) apoderándose de la mayor parte de su comida y manchando el resto con sus heces.

[118] *flor de la maravilla:* flor de vivos colores, de origen peruano, que vive un solo día.

[119] *la queda:* la señal de anochecer, que se daba con campanas para que la gente se retirara a casa.

[120] *mayores de la marca:* referido a las espadas, «de hoja más larga de lo permitido». Aquí «por más viejas de lo aceptable para el amor».

Yo sé de una buena vieja
que fue un tiempo rubia y zarca,
35 y que al presente le cuesta
harto caro el ver su cara,
porque su bruñida frente
y sus mejillas se hallan
más que roquete[121] de obispo
40 encogidas y arrugadas.
    ¡Que se nos va la Pascua, mozas,
    que se nos va la Pascua!

Y sé de otra buena vieja,
que un diente que le quedaba
45 se lo dejó este otro día
sepultado en unas natas,
y con lágrimas le dice:
«Diente mío de mi alma,
yo sé cuándo fuistes perla,
50 aunque ahora no sois caña[122].»
    ¡Que se nos va la Pascua, mozas,
    que se nos va la Pascua!

Por eso, mozuelas locas,
antes que la edad avara
55 el rubio cabello de oro
convierta en luciente plata[123],
quered cuando sois queridas,

---

[121] *roquete:* prenda corta para cubrir el cuerpo de la sotana, con considerables pliegues.
[122] Es decir: «Antes eras (*fuistes:* fuisteis) duro y brillante como una perla y ahora, quebradizo y amarillento como una caña.»
[123] Es decir: encanezca.

amad cuando sois amadas,
mirad, bobas, que detrás
60   se pinta la ocasión calva[124].

¡Que se nos va la Pascua, mozas,
que se nos va la Pascua!

VI. 5

ÓNGORA. Soneto. Se dirige a su amada. Exalta la belleza de su cabello rubio sobre la del oro, la de su blanca frente sobre la del lirio *(lilio)*, la de sus labios sobre la del clavel y la de su cuello sobre la del cristal (o quizá se refiere metafóricamente al agua: *cristal luciente*) [estr. 1.ª y 2.ª] y le aconseja que goce de esa belleza antes de que su juventud *(edad dorada)* [estr. 3.ª] se convierta en vejez (quedando como plata envejecida o como una viola, *víola,* o violeta cortada), y su cuerpo muera y desaparezca [estr. 4.ª].

Mientras por competir con tu cabello
oro bruñido al sol relumbra en vano;
mientras con menosprecio en medio el[125] llano
mira tu blanca frente el lilio bello;

5   mientras a cada labio, por cogello[126],
siguen más ojos que al clavel temprano,
y mientras triunfa con desdén lozano
del luciente cristal tu gentil cuello,

---

[124] Efectivamente, la ocasión se representaba, en la iconografía, como una señora calva, con un único mechón de pelo en la frente, del que había que cogerla cuando se la veía venir, pues una vez que pasaba no había por dónde hacerlo.

[125] *el:* del.

[126] *cogello:* cogerlo.

goza cuello, cabello, labio y frente,
10 antes que en lo que fue en tu edad dorada
oro, lilio, clavel, cristal luciente,

no sólo en plata o víola troncada
se vuelva, mas tú y ello juntamente
en tierra, en humo, en polvo, en sombra, en nada.

LA BELLEZA PERDIDA
VI. 6

Q UEVEDO. Soneto. Se dirige a Laura, mujer vieja que, pese a ello, sigue intentando mantener su oficio (exitoso cuando joven) de prostituta. Le pide, ahora que la luz de su ventana está apagada por las noches (no *despierta*, encendida, como antes), cuando ya no vienen los hombres a su puerta para requerir su amor lastimeramente [estr. 1.ª], puesto que ha envejecido y ha perdido su belleza *(la luz muerta)*, con la voz estropeada y el pelo blanco [estr. 2.ª], que, ahora, al fin, ofrezca su espejo a Venus, diosa del amor (como hacían sus adoradoras, las prostitutas romanas, cuando envejecían y abandonaban su profesión), para así no ver, y olvidar, su apariencia física: antes, belleza que hacía suspirar a sus muchos enamorados, y ahora, al acabarse, fealdad por la que suspira ella [estr. 3.ª y 4.ª].

VENGANZA EN FIGURA DE CONSEJO
A LA HERMOSURA PASADA

Ya, Laura, que descansa tu ventana
en sueño, que otra edad tuvo despierta,
y, atentos, los umbrales de tu puerta
ya no escuchan de amante queja insana;

5   pues cerca de la noche, a la mañana
de tu niñez sucede tarde yerta,
mustia la primavera, la luz muerta,
despoblada la voz, la frente cana:

cuelga el espejo a Venus, donde miras
10 y lloras la que fuiste en la que hoy eres;
pues, suspirada entonces, hoy suspiras.

Y ansí, lo que no quieren, ni tú quieres
ver, no verán los ojos, ni tus iras,
cuando vives vejez y niñez mueres.

VI. 7

*L*OPE. Soneto. Se dirige a Leonardo, comparando la be-
lleza juvenil de Flora con su fea vejez actual. Le comenta
que la belleza de Flora está como enterrada en su cuerpo
anciano, pese a que ese cuerpo *(sepulcro duro de güesos)* creía
que la belleza que le mostraba en su juventud el espejo engaño-
so *(azogue mal seguro)* era duradera como su alma, y como ella
destinada a una *incierta* vida eterna [estr. 1.ª]. Le habla de la
hermosura que tuvo su boca (comparable a la de una *manutisa*,
planta de flores rojizas), la cual ahora, casi sin dientes, es inca-
paz de provocar el deseo [estr. 2.ª]. Insinúa que esa vejez ha
vengado a muchos (los amantes que Flora desdeñó de joven)
[v. 9], con asombro reiterado ante el contraste (impredecible
durante la juventud de Flora) de la lozanía pasada y la vejez
presente [vv. 9 a 14].

Y la vejez dañina pone sus manos en la hermosura.
Ovidio, libro 3 de *Tristium*

Flora, aunque viva, para el mundo muerta,
Leonardo, yace en sí, sepulcro duro
de güesos[127], que el azogue mal seguro
tiene por alma para vida incierta.

5   La boca, un tiempo manutisa abierta,
reliquias viles, derribado el muro
que la lengua cercó de marfil puro,
de toda vecindad está desierta[128].

    Aunque ha vengado a tantos, ¿quién dijera
10 que aquella primavera se acabara,
y que tal sequedad le sucediera?

    ¡Oh frágil hermosura!, ¿quién pensara
que el tiempo, con el trato, se atreviera
a ponerte las manos en la cara?

LA VIDA BREVE
VI. 8

*G*ÓNGORA. Soneto. Se dirige a Licio. Compara el tiempo de la vida con el del vuelo *veloz* de una saeta antes de clavarse, *aguda*, en su destino *(morder la señal)*, y lo considera más breve [vv. 1, 2, primera mitad del 5 y primera mitad del 6]. Compara la rapidez y el silencio de la llegada de

---

[127] *güesos:* huesos.
[128] Es decir: la boca sólo tiene algunos dientes *(reliquias viles)*, no todos *(el muro que la lengua cercó)*, por lo que ya nadie se acerca a besarla.

la muerte (*secreta:* silenciosa) con la de un carro romano de carreras *(agonal)* a su meta por la arena, y la considera más silenciosa y rápida (el final de las carreras romanas se vivía en las gradas con especial emoción y silencio) [vv. 3, 4, segunda mitad del 5 y primera mitad del 6]. Afirma que el sol de cada día pasa agorero (recordándonos que moriremos) como si fuera un cometa (los cometas eran considerados de mal augurio, como avisos del cielo), también para quien duda de todo lo dicho antes, sea hombre o fiera [de mitad del v. 6 a v. 8]. Reprocha a Licio que no lo sepa, pese a que hasta una ciudad como Cartago lo sabe (pues su esplendor cayó ante el poderío del imperio romano) [v. 9], y le advierte del peligro de engañarse así [vv. 10-11], porque ni las horas (que al transcurrir van acabando con los días) ni los días (que van acabando con los años) dejarán de acabar también con él [vv. 12-14].

DE LA BREVEDAD ENGAÑOSA DE LA VIDA

Menos solicitó veloz saeta
destinada señal que mordió aguda,
agonal carro por la arena muda
no coronó con más silencio meta,

5   que presurosa corre, que secreta,
a su fin nuestra edad. A quien lo duda,
fiera que sea de razón desnuda,
cada sol repetido es un cometa.

Confiésalo[129] Cartago, ¿y tú lo ignoras?
10 Peligro corres, Licio, si porfías
en seguir sombras y abrazar engaños.

Mal te perdonarán a ti las horas,
las horas que limando están los días,
los días que royendo están los años.

---

[129] Lo confiesa.

VI. 9

QUEVEDO. Soneto. Invoca su pasado (*antaños:* años anteriores) y se lamenta de no tener nada para el recuerdo, por haberse dedicado a mejorar su posición (a la *Fortuna*), o haber desperdiciado el tiempo en diversiones *(locura)* [estr. 1.ª], mientras perdía juventud y salud y sólo conseguía desdichas, lo que ha provocado que no tenga una verdadera vida que recordar, sino simplemente unos hechos vividos (a los que sólo puede llamar *lo vivido*) [estr. 2.ª]. Afirma la fugacidad del tiempo, que hace también fugaz a su propio ser y que sólo le provoca cansancio [estr. 3.ª]. Concluye que su vida, breve como un solo instante en el que se unen sus ropas de niño *(pañales)* y sus ropas de muerto *(mortaja),* ha sido en realidad una sucesión de pérdidas o muertes [estr. 4.ª].

REPRESÉNTASE LA BREVEDAD
DE LO QUE SE VIVE Y CUÁN NADA
PARECE LO QUE SE VIVIÓ

«¡Ah de la vida!»... ¿Nadie me responde?
¡Aquí de[130] los antaños que he vivido!
La Fortuna mis tiempos ha mordido;
las Horas mi locura las esconde[131].

5   ¡Que sin poder saber cómo ni adónde
la salud y la edad se hayan huido!
Falta la vida, asiste lo vivido,
y no hay calamidad que no me ronde.

---

[130] *Aquí de:* voz de llamada, equivalente a la anterior *Ah de...*
[131] Es decir: las locuras que viví me impidieron disfrutar del tiempo (y, ahora, poder recordarlo).

Ayer se fue; mañana no ha llegado;
10 hoy se está yendo sin parar un punto[132]:
soy un fue, y un será, y un es cansado.

En el hoy y mañana y ayer, junto
pañales y mortaja, y he quedado
presentes sucesiones de difunto.

VI. 10

Q UEVEDO. Soneto. Se asombra ante la brevedad de la
vida del hombre, a la que precede una irrealidad se-
mejante al sueño y a la que sigue el humo (del cadáver
incinerado), y ante el hecho de que él mismo siga siendo ambi-
cioso y mantenga esperanzas *(presumo)* de escapar a la muerte
(vista como el cerco de una ciudad) [estr. 1.ª]. Señala que su
pelea contra la muerte le resulta peligrosa, que hasta su propio
cuerpo le prepara el final (puesto que ha envejecido) [estr. 2.ª].
Describe la angustiosa rapidez con que transcurre el tiempo
[estr. 3.ª], y compara el paso de las horas con los golpes de una
azada en la tierra, cavando, a costa *(jornal)* de su propio esfuer-
zo, su tumba *(monumento)* [estr. 4.ª].

SIGNIFÍCASE LA PROPIA BREVEDAD
DE LA VIDA, SIN PENSAR, Y CON PADECER,
SALTEADA DE LA MUERTE

¡Fue sueño ayer; mañana será tierra!
¡Poco antes, nada; y poco después, humo!
¿Y destino[133] ambiciones, y presumo
apenas punto[134] al cerco que me cierra?

---

[132] *punto:* instante.
[133] *destino:* imagino para mi futuro.
[134] *punto:* final

5   Breve combate de importuna guerra,
en mi defensa, soy peligro sumo;
y mientras con mis armas me consumo,
menos me hospeda el cuerpo que me entierra.

Ya no es ayer; mañana no ha llegado;
10 hoy pasa, y es, y fue, con movimiento
que a la muerte me lleva despeñado.

Azadas son la hora y el momento
que, a jornal de mi pena y mi cuidado,
cavan en mi vivir mi monumento.

PREVENIR LA MUERTE
VI. 11

*L*OPE. Soneto. Como mostrándonos una calavera, recuerda que en vida perteneció a una mujer cuyos cabellos y piel prendían a cuantos la miraban [estr. 1.ª], que la boca era bella como una rosa (e igual de efímera, pues hoy no está), y que sus ojos verdes *(de esmeralda impresos)* hicieron pecar *(entretuvo)* a las almas de muchos hombres [estr. 2.ª]. Acusa a la mujer (como si señalara el lugar donde estaba el cerebro), de moverse sólo por el interés (*la estimativa:* según el valor, el precio que tuvieran las cosas), principio a partir del cual se regían y coordinaban sus facultades para la actividad *(armonía de las potencias)* [estr. 3.ª], y concluye sugiriendo la fragilidad de la hermosura como la de una *cometa*[135] al viento)

---

[135] *cometa:* considero este sentido de la palabra por el contexto, aunque no recuerdo ningún otro ejemplo del tal uso en la época, ni lo registra *Covarrubias* (pero ya está en *Autoridades*), y sí hay varios ejemplos con el otro sentido: astro con atmósfera luminosa cuya aparición era considerada del mal agüero (véase n.º VI, 8, de Góngora). Desde

y que valorar la belleza es error (puesto que, pasado el tiempo, ni los gusanos aceptarán vivir en el lugar que ocupaba el cerebro, donde antes se «aposentaba» la presunción) [estr. 4.ª].

A UNA CALAVERA

Esta cabeza, cuando viva, tuvo
sobre la arquitectura destos huesos
carne y cabellos, por quien[136] fueron presos
los ojos que, mirándola, detuvo.

5   Aquí la rosa de la boca estuvo,
marchita ya con[137] tan helados besos;
aquí, los ojos de esmeralda impresos,
color que tantas almas entretuvo.

Aquí, la estimativa[138], en que tenía
10 el principio de todo movimiento:
aquí, de las potencias la armonía.

¡Oh hermosura mortal, cometa al viento!,
¿donde tan alta presunción vivía
desprecian los gusanos aposento?

luego, en la época los niños jugaban con cometas, pero no sé si en verdad las llamarían así.

[136] *por quien:* por los que.
[137] *con:* por.
[138] *estimativa:* la facultad de valorar las cosas.

VI. 12

*G*ÓNGORA. Soneto. Se dirige a Licio (quizá a sí mismo). Le recuerda que se encuentra en el período *(lustro)* final *(occidental,* puesto que en occidente muere el sol) y de cambio *(climatérico)* de su vida (es decir, en la vejez), tiempo en que la vida peligra especialmente [estr. 1.ª]. Le aconseja cordura para compensar las incapacidades físicas [vv. 5 y 6]. Afirma que es imprudente, conociendo que se ha de morir, no prevenirse [vv. 7 y 8]. Considera incierto el recorrido *(discurso)* del hombre en la vida, comparado con el de la serpiente *(sierpe),* que rejuvenece al mudar la piel (según una leyenda) [estr. 3.ª]. Concluye que es dichoso quien desprecia el cuerpo (la parte o *porción* pesada, *ponderosa*) y entrega su alma *(leve porción)* a Dios *(zafiro soberano,* por el azul del zafiro, comparable al del cielo) [estr. 4.ª].

> En este occidental, en este, oh Licio,
> climatérico lustro de tu vida,
> todo mal afirmado pie es caída,
> toda fácil caída es precipicio.
>
> 5   ¿Caduca el paso? Ilústrese el jüicio.
> Desatándose va la tierra unida[139];
> ¿qué prudencia, del polvo prevenida,
> la rüina aguardó del edificio?
>
> La piel no sólo sierpe venenosa,
> 10   mas con la piel los años, se desnuda,
> y el hombre no. ¡Ciego discurso[140] humano!

---

[139] La *tierra unida* es el hombre, creado por la divinidad a partir del barro (según las tradiciones hebreo-cristiana y mitológica), cuyo cuerpo se «desata», se deshace, y despide el alma para volver a la tierra.

[140] *ciego discurso:* en el sentido de «curso o recorrido misterioso».

¡Oh aquél dichoso que, la ponderosa
porción depuesta en una piedra muda,
la leve da al zafiro soberano!

VI. 13

*L*OPE. Soneto. Se dirige a Dios sin nombrarlo. Reflexiona sobre su estado actual y se asombra de haber llegado al arrepentimiento pese a haber permanecido ajeno a Dios *(divina razón)* [estr. 1.ª y 2.ª]. Compara el recorrido de su vida con un laberinto, y afirma que se fió, creyéndola duradera, de su vida *(fiando el desengaño al débil hilo de la vida;* como Teseo se fió del hilo del ovillo que desenrollaba al caminar por el laberinto en busca del Minotauro, monstruo encerrado allí por Minos) y aplazó el arrepentimiento *(desengaño),* confiando imprudentemente en que viviría suficiente para sentirlo más adelante, por lo que se arrepiente tarde [estr. 3.ª]. Reconoce que la luz divina lo ha desengañado, con lo que, muerto el monstruo *(monstro)* de su pecado, se arrepiente *(vuelve a la patria,* como Teseo tras matar al Minotauro) [estr. 4.ª].

Cuando me paro a contemplar mi estado,
y a ver los pasos por donde he venido,
me espanto de que un hombre tan perdido
a conocer su error haya llegado.

5   Cuando miro los años que he pasado,
la divina razón puesta en olvido,
conozco que piedad del cielo ha sido
no haberme en tanto mal precipitado.

Entré por laberinto tan extraño,
10 fiando al débil hilo de la vida
el tarde conocido desengaño;

mas de tu luz mi escuridad[141] vencida,
el monstro[142] muerto de mi ciego engaño,
vuelve a la patria[143] la razón perdida.

MUERTE EN VIDA
VI. 14

Q UEVEDO. Soneto. Figura el recuerdo de un breve paseo, en el que todo lo que contempló le recordaba a la muerte [vv. 13 y 14]: las ruinas de los muros que en otro tiempo protegían la ciudad donde nació (*patria:* Madrid) [estr. 1.ª], un anochecer en el campo, mientras pasta el ganado (el sol poniéndose, como bajando a beber el agua de los arroyos procedentes del hielo, con un monte tapándolo y dando sombra, *hurtando la luz* a los ganados, por ello *quejosos*) [estr. 2.ª] y, de vuelta a casa, los despojos de su hogar, su bastón y su espada gastados por el uso y el tiempo [estr. 3.ª y v. 12].

SALMO XVII

Miré los muros de la patria mía,
si un tiempo fuertes, ya desmoronados,
de la carrera de la edad cansados,
por quien[144] caduca ya su valentía.

---

[141] *escuridad:* oscuridad.

[142] *monstruo:* monstruo.

[143] *patria:* en el sentido de «punto de origen», o, también, «lugar del padre»; se refiere a la vida virtuosa, cristiana, que había abandonado.

[144] *por quien:* por la que (es decir: su valentía caduca por causa de la «carrera de la edad», por el paso veloz del tiempo).

5   Salíme al campo, vi que el sol bebía
los arroyos del hielo desatados,
y, del monte, quejosos los ganados,
que con sombras hurtó su luz al día.

    Entré en mi casa; vi que, amancillada,
10   de anciana habitación era despojos;
mi báculo, más corvo y menos fuerte;

    vencida de la edad sentí mi espada.
Y no hallé cosa en que poner los ojos
que no fuese recuerdo de la muerte.

VI. 15

QUEVEDO. Soneto. Se dirige a don Juan. Le describe su cuerpo viejo y enfermo: sin calor en las venas pese a la fiebre y con el pulso tembloroso [estr. 1.ª], el pelo cano *(cumbres llenas de nieve),* la boca sin dientes *(saquea-da),* la vista ciega y las facultades para desarrollar cualquier actividad (*potencias,* en la terminología médica de la época) paralizadas [estr. 2.ª], le pide que reciba la muerte (*sepoltura:* sepultura) con hospitalidad, como sabio [estr. 3.ª]. Llega a la conclusión de que toda la vida es ya muerte, aunque la viva-mos distraídamente y lamentemos sólo el momento final [estr. 4.ª].

ENSEÑA A MORIR ANTES Y QUE LA MAYOR PARTE DE LA MUERTE ES LA VIDA, Y ÉSTA NO SE SIENTE, Y LA MENOR, QUE ES EL ÚLTIMO SUSPIRO, ES LA QUE DA PENA

> Señor don Juan, pues con la fiebre apenas
> se calienta la sangre desmayada,
> y por la mucha edad, desabrigada,
> tiembla, no pulsa, entre[145] la arteria y venas;
>
> 5   pues que de nieve están las cumbres llenas;
> la boca, de los años saqueada;
> la vista, enferma, en noche sepultada,
> y las potencias, de ejercicio ajenas,
>
> salid[146] a recibir la sepoltura,
> 10   acariciad la tumba y monumento:
> que morir vivo es última cordura.
>
> La mayor parte de la muerte siento
> que se pasa en contentos y locura,
> y a la menor se guarda el sentimiento.

VI. 16

L OPE. Soneto. Afirma que la vida es ya en sí, y en gran parte, muerte [estr. 1.ª]; que esa misma vida, por la fuerza con que se mantiene, se dio como excepción, entre la muerte constante (es decir, que vivir el hombre es ir sobreviviendo, una parte pequeña de él, a la muerte de su

---

[145] *entre:* a lo largo de.
[146] *salid:* es forma de cortesía (sujeto: «vos», es decir, don Juan, destinatario del poema), como luego *acariciad.*

mayor parte); pero señala que puede vencer a la muerte y perderle el miedo quien la previene y se prepara *(se advierte)* para morir [estr. 2.ª]. Considera que, tras el nacimiento, todo lo que resta es morir, con un intervalo breve [estr. 3.ª]; que la muerte es dueña de todo lo vivo, y que se expresa en dos ideas de dos tiempos semejantes a ella: el tiempo anterior al nacimiento y el del sueño [estr. 4.ª].

> Engaño es grande contemplar de suerte
> toda la muerte como no venida,
> pues lo que ya pasó de nuestra vida
> no fue pequeña parte de la muerte.
>
> 5   Con excepción se dio, puesto que es fuerte,
> de morir el vivir, mas ya vencida[147]
> no deja qué temer, si prevenida,
> mientras vivimos, en morir se advierte[148].
>
> Al que le aconteció nacer, le resta
> 10   morir; el intervalo, aunque pequeño,
> hace la diferencia manifiesta.
>
> La muerte, al fin de cuanto vive dueño[149],
> está de dos imágenes compuesta:
> el tiempo antes de nacer y el sueño.

[147] Se sobrentiende: la muerte.
[148] Es decir: si vivimos advertidos de que vamos muriendo, vencemos a la muerte, a la que dejamos de temer (puesto que al conocerla la vamos previniendo).
[149] *dueño:* dueña (la muerte).

MUERTE DESEADA
VI. 17

QUEVEDO. Soneto. Es consciente de que la hora de morir, causante de temor, se acerca [estr. 1.ª]. Afirma que la muerte, pues provoca descanso, aunque parezca dolorosa es placentera [estr. 2.ª], y no entiende que el temor esté en desacuerdo *(desacordado)* con ella, que en realidad rescata el espíritu de la cárcel del cuerpo [estr. 3.ª]. Concluye que desea la muerte, como bien y orden final [estr. 4.ª].

CONOCE LA DILIGENCIA CON QUE SE ACERCA LA MUERTE, Y PROCURA CONOCER TAMBIÉN LA CONVENIENCIA DE SU VENIDA, Y APROVECHARSE DE ESE CONOCIMIENTO

Ya formidable y espantoso suena,
dentro del corazón, el postrer[150] día;
y la última hora, negra y fría,
se acerca, de temor y sombras llena.

5 Si agradable descanso, paz serena
la muerte, en traje de dolor, envía,
señas da su desdén de cortesía:
más tiene de caricia que de pena.

¿Qué pretende el temor desacordado
10 de la que a rescatar, piadosa, viene
espíritu en miserias anudado?

---

[150] *postrer:* postrero, último.

Llegue rogada, pues mi bien previene;
hálleme agradecido, no asustado;
mi vida acabe y mi vivir ordene.

EN MEMORIA DE LOS MUERTOS
VI. 18

QUEVEDO. Soneto. Discurso funerario en memoria de su amigo y protector el duque de Osuna (que fue encarcelado y murió enfermo en prisión) figurando su entierro y las honras fúnebres. Afirma que aunque su patria le faltara (al encarcelarlo y dejarlo morir), Osuna nunca faltó a su patria, a la que proporcionó fortuna (con sus hazañas guerreras) [estr. 1.ª]. Representando una figurada descripción de su entierro, recuerda la gloria de tales hazañas: en la guerra de Flandes y contra los barcos turcos (en el Mediterráneo) [estr. 2.ª]; señala que al entierro asistían, llorando y con envidia *(invidia)* de la gloria de Osuna, las naciones, tanto las pertenecientes al imperio español *(proprias:* propias) como las otras; identifica su tumba con las campanas de Flandes *(Frandes;* se refiere a las que sonaban cuando caía una ciudad) y sus exequias con la bandera turca vencida *(la sangrienta luna;* alude a los asaltos de barcos turcos que llevó a cabo Osuna como virrey de Nápoles); compara sus honras fúnebres con la erupción del volcán Vesubio (encendido por *Parténope,* nombre poético de Nápoles, tomado de una sirena, cuyo cadáver llevó el mar a orillas de la ciudad) y la del *Mongibelo* (nombre siciliano del volcán Etna), encendido por *Trinacria* (epíteto de Sicilia), y señala el llanto de los militares figuradamente asistentes [estr. 3.ª]. Describe después la ascensión de Osuna a los cielos (como la de los héroes, para convertirse en estrella) provocada por Marte (dios de la guerra); y señala, finalmente, el llanto de los ríos de toda Europa [estr. 4.ª].

MEMORIA INMORTAL
DE DON PEDRO GIRÓN,
DUQUE DE OSUNA,
MUERTO EN LA PRISIÓN

Faltar pudo su patria al grande Osuna,
pero no a su defensa sus hazañas;
diéronle muerte y cárcel las Españas,
de quien él hizo esclava la Fortuna.

5   Lloraron sus invidias[151] una a una
con las propias naciones las extrañas;
su tumba son de Flandes las campanas,
y su epitafio la sangrienta luna[152].

En sus exequias encendió al Vesubio
10   Parténope[153], y Trinacria al Mongibelo;
el llanto militar creció en diluvio.

Diole el mejor lugar Marte en su cielo;
la Mosa, el Rhin, el Tajo y el Danubio
murmuran con dolor su desconsuelo.

---

[151] *invidias:* envidias.
[152] Alude a las campanas que sonaban tras la toma de ciudades por tropas en las que batallaba Osuna, y a la bandera (con una luna roja) de los turcos.
[153] *Parténope:* Nombre poético de Nápoles, tomado de una de las sirenas que intentaron seducir al viajero Ulises con su voz. Frustrada por no poder conseguirlo, se arrojó al mar y apareció muerta en la costa de Nápoles, donde fue enterrada.

VII. A CRISTO

L A poesía religiosa es temáticamente una de las más practicadas en el Barroco. Ceñimos los ejemplos de este apartado a la poesía dedicada a Cristo: ejemplos del canto a su nacimiento (por lo general abordados con un lenguaje popular, como en el n.º 1 de Góngora, que, sin embargo, elabora su texto con una complicación y precisión estructurales poco acostumbradas); y ejemplos de la crucifixión: una muerte (la de Cristo, la muerte de Dios inmortal) que da vida (eterna, a las almas de los hombres); es decir, un ejemplo sumo de la paradoja, que alimentó con fecundidad el ingenio de los poetas barrocos, como en el poema de Lope (n.º 3), en el que se compara la dureza del corazón del poeta con la generosidad del crucificado (nótese que Lope centra la paradoja «sacrificio que da vida» en la idea de llegar a lo hondo de Cristo a través de la herida de su costado: a la salvación por el dolor). El poema a la crucifixión de Quevedo (n.º 2) ilustra el tema deteniéndose en la reacción prodigiosa de la naturaleza ante el momento culminante de la pasión (véase también el motivo «Naturaleza desatada» en el apartado «III. Naturaleza y arte»), y luego se centra en la glosa de las últimas palabras de Cristo (según los Evangelios de Mateo y Marcos: «Dios mío, por qué me has desamparado»), un tema en el que, espinoso y barroco, Quevedo roza la herejía.

Son también característicos los ejemplos que tratan del motivo de la tortuosa relación entre Cristo y el hombre. Quevedo (n.º 5) compara en detalle el pecado de Adán con la pasión de Cristo (vista en su arranque: en el momento de la oración en el huerto). La oposición *de Adán y Cristo tiene una larga tradición en la literatura y la iconografía cristiana (por ejemplo, puede verse la magnífica* Anunciación *del pintor renacentista italiano fra Angélico, en el Museo del Prado, que acompaña la escena con la expulsión del paraíso de Adán y Eva). Lope, más introspectivo, insiste (n.º 4) en la idea del arrepentimiento, evocando una escena en la que Cristo llama, como pedigüeño, a su puerta, mientras él aplaza la decisión de abrir, confiando peligrosamente en el tiempo, de lo cual se arrepiente en el poema.*

* * *

NACIMIENTO
VII. 1

G ÓNGORA. Letrilla. La primera estrofa presenta el contexto del estribillo. La segunda y la tercera glosan el estribillo (es decir, desarrollan más detenidamente su contenido: la segunda, el de los dos primeros versos; la tercera, el de los dos últimos). Describe el nacimiento de Cristo *(clavel)* del seno de la virgen *(Aurora)* y señala el enaltecimiento del heno al recibir como cuna al recién nacido [estribillo]. Cómo el nacimiento sucede cuando el mundo *(todas las cosas del suelo)* aguarda expectante, en la noche fría y tenebrosa [estr. 1.ª]; cómo la Virgen, tras el parto, quedó igual de bella, y al niño lo recogió tan sólo una humilde cama hecha de heno [estr. 2.ª], y cómo el heno, al ser digno *(dino)* de recibir a la divinidad, adquirió textura de tela *(lino)*, y su color dorado igualó al del oro [estr. 3.ª].

AL NACIMIENTO DE CRISTO
NUESTRO SEÑOR

Caído se le ha un Clavel
hoy a la Aurora del seno:
¡qué glorioso que está el heno,
porque ha caído sobre él!

5   Cuando el silencio tenía
todas las cosas del suelo,
y, coronada del yelo,
reinaba la noche fría,
en medio la monarquía
10 de tiniebla tan crüel,
caído se le ha un Clavel
hoy a la Aurora del seno:
¡qué glorioso que está el heno,
porque ha caído sobre él!

15 De un solo Clavel ceñida,
la Virgen, Aurora bella,
al mundo se lo dio, y ella
quedó cual antes florida;
a la púrpura caída
20 sólo fue el heno fiel.
Caído se le ha un Clavel
hoy a la Aurora del seno:
¡qué glorioso que está el heno,
porque ha caído sobre él!

25 El heno, pues que fue dino,
a pesar de tantas nieves,
de ver en sus brazos leves

este rosicler divino,
para su lecho fue lino,
30   oro para su dosel.
     Caído se le ha un Clavel
     hoy a la Aurora del seno:
     ¡qué glorioso que está el heno,
     porque ha caído sobre él!

CRUCIFIXIÓN
VII. 2

QUEVEDO. Soneto. Se dirige a Cristo. Describe la destrucción del tiempo por saturación *(la edad llena de sí)*, así como las de la naturaleza, del mar y el fuego [estr. 1.ª], del aire y las rocas, del sol y la luna y del día, para compararlas a la llamada lastimera de Cristo crucificado a su padre (cuando le reprocha: «Dios mío, por qué me has abandonado», según los evangelios de Mateo y Marcos) [estr. 2.ª]. Pero afirma que, pese a ello, puesto que es tan dramática la escena de la crucifixión (Cristo en la cruz, manchado por su propia sangre para limpiar los pecados de los hombres, con su madre sufriendo al pie [estr. 3.ª], despreciado por uno de los ladrones con los que muere y seguido por el otro), si Cristo no hubiera nombrado a Dios, dudaría de su existencia [estr. 4.ª].

SALMO XXV

Llena la edad de sí toda quejarse,
Naturaleza sobre sí caerse,
en su espumoso campo el mar verterse
y el fuego con sus llamas abrasarse,

5   el aire en duras peñas quebrantarse,
y ellas con él, y de piedad romperse
el sol y luna y cielo anochecerse
es nombrar vuestro Padre y lastimarse.

    Mas veros en un leño mal pulido,
10 de vuestra sangre, por limpiar, manchado,
sirviendo de martirio a vuestra Madre;

    dejado de un ladrón, de otro seguido,
tan solo y pobre, a no le haber nombrado,
dudara, gran Señor, si tenéis Padre.

VII. 3

LOPE. Soneto. Describe su dureza de corazón, como pecador, pese al sufrimiento de Cristo en la cruz. Se dirige primero a sí mismo, afirmando que ante la muerte de Cristo *(vida)*, él vive en pecado *(sin vida)*, aunque, al ver la sangre de Cristo, la dureza de su corazón *(diamante)* se ablanda [estr. 1.ª]. Constata cómo él mismo, por sus pecados, es dolor y herida de Cristo crucificado [estr. 2.ª]. Se dirige luego a su propio corazón, reprochándole que no llore (como *copioso río*) al ver la herida (de lanza de un centurión) en el costado de Cristo, y asegurando que morir por Cristo será un *acuerdo divino* (puesto que, a su vez, Cristo lo hace por él) [vv. 9 a 12]. Pasa luego a dirigirse a Cristo, afirmando que Él es su vida, y constatando que, puesto que en realidad el poeta carece de vida (como pecador), no le importa morir [vv. 13 y 14].

    Muere la vida, y vivo yo sin vida,
ofendiendo la vida de mi muerte.
Sangre divina de las venas vierte,
y mi diamante su dureza olvida.

5   Está la majestad de Dios tendida
       en una dura cruz, y yo de suerte
       que soy de sus dolores el más fuerte,
       y de su cuerpo la mayor herida.

          ¡Oh duro corazón de mármol frío!,
10   ¿tiene tu Dios abierto el lado izquierdo,
       y no te vuelves un copioso río?

          Morir por él será divino acuerdo;
       mas eres tú mi vida, Cristo mío,
       y como no la tengo, no la pierdo.

CRISTO Y EL HOMBRE
VII, 4

*L*OPE. Soneto. Se dirige a Jesús. No encuentra razón para
que Cristo (al que representa como herido llamando a
su puerta) lo busque [estr. 1.ª], ni para que, aunque él
mismo ha rechazado abrir la puerta, paradójicamente, Jesús se
comporte como si le hubiera ayudado a sanar sus heridas [estr.
2.ª]. Afirma que en muchas ocasiones un mensajero divino
(Ángel) le pedía que se asomara a ver cómo llamaba Jesús, pero
él aplazaba hacerlo [estr. 3.ª y 4.ª].

       ¿Qué tengo yo, que mi amistad procuras?
       ¿Qué interés se te sigue, Jesús mío,
       que a mi puerta cubierto de rocío
       pasas las noches del invierno escuras[154]?

---

[154] *escuras:* oscuras.

5   ¡Oh cuánto fueron mis entrañas duras,
        pues no te abrí. ¡Qué extraño desvarío,
        si de mi ingratitud el hielo frío
        secó las llagas de tus plantas puras!

        ¡Cuántas veces el Ángel me decía:
10   «Alma, asómate agora[155] a la ventana,
        verás con cuánto amor llamar porfía»!

        ¡Y cuántas, hermosura soberana,
        «Mañana le abriremos», respondía,
        para lo mismo responder mañana!

VII. 5

Q UEVEDO. Soneto. Se dirige a Cristo, comparándolo
con Adán. Enfrenta la actitud de ambos, sus hechos y
las consecuencias que produjeron. Por un lado, Adán
durmiendo, en el paraíso, con Eva *(su compañía)* despierta (y
cayendo en la trampa de comer la manzana ofrecida por el
diablo en forma de serpiente); por otro lado, Cristo, despierto,
rezando con agonía en un huerto (el de Getsemaní, donde Dios
le anunció su muerte), mientras su compañía, los apóstoles,
duerme [estr. 1.ª]. Así pues, Adán cometió el pecado original
(*primero desconcierto,* por lo que se cerraron los cielos para las
almas de los muertos) desobedeciendo al comer (de la manzana,
ofrecida ahora por Eva), mientras Cristo lo arregló (abriendo
los cielos: haciendo el *día*) al beber del cáliz que Dios le ofrecía
(es decir, al aceptar simbólicamente morir como hombre por la
humanidad, aunque viva inmortal como Dios) [estr. 2.ª].
Compara también los sudores de ambos: el de Adán le es nece-
sario para comer (por castigo divino, ante su culpa); el de

---

[155] *agora:* ahora.

Cristo (en la pasión) posibilita la gloria del hombre (la inmortalidad de su alma), por lo que Cristo respondió por el pecado de Adán [estr. 3.ª]. Compara las consecuencias: Adán dejó con su pecado una vida de sufrimientos para los hombres, mientras Cristo deja el recuerdo de su bien. Por último, constata que Adán fue engañado (por Eva e, indirectamente, por la serpiente), mientras Cristo fue vendido (por su apóstol Judas, a los guardias romanos) [estr. 4.ª].

REFIERE CUÁN DIFERENTES FUERON LAS ACCIONES DE CRISTO NUESTRO SEÑOR Y DE ADÁN

Adán en Paraíso, Vos en huerto;
él puesto en honra, Vos en agonía;
él duerme, y vela mal su compañía;
la vuestra duerme, Vos oráis despierto.

5   Él cometió el primero desconcierto,
Vos concertastes[156] nuestro primer día;
cáliz bebéis, que vuestro padre envía;
él come inobediencia, y vive muerto.

El sudor de su rostro le sustenta;
10 el del vuestro mantiene nuestra gloria:
suya la culpa fue, vuestra la afrenta.

Él dejó horror, y Vos dejáis memoria;
aquél fue engaño ciego, y ésta venta.
¡Cuán diferente nos dejáis la historia!

---

[156] *concertastes:* concertasteis.

VIII. CRÍTICA DE COSTUMBRES

*E*N este apartado se agrupan algunos de los muchísimos poemas morales con los que los autores de la época criticaban las costumbres sociales que observaban a su alrededor. Para ello contaban (como en todo) con una larga tradición poética. Uno de los autores que más influyó en este tipo de poemas fue el latino Marcial (nacido en Calatayud, en el siglo I d. C.), de lengua especialmente viperina.

La crítica de los ricos cobra en la época un sabor especial. No olvidemos que algunos de ellos eran personas que habían logrado sobreponerse a su condición social por medio del comercio y otras formas de acumulación de caudal. En uno de los poemas de Quevedo de ambiente romano (n.º 1), se nos muestra a uno de estos ricos orgulloso en su palacio, y se comparan sus remordimientos con una serpiente escondida entre las flores. La imagen es antiquísima y se había repetido constantemente en la poesía alejandrina, en la romana y, por supuesto, en la renacentista y en la barroca, pero siempre para figurar la herida del amor repentino y venenoso. Quevedo, al utilizarla para hablar de los remordimientos, da nueva savia a la imagen: el amor y el temor son dos enfermedades semejantes para el alma del hombre barroco.

El oficio de la medicina lo ejercían por lo general gentes de baja condición social, entre las que había moriscos y judíos. Por ello hay varios poemas contra médicos que aluden a esa condición (n.º 2, de Góngora). Según el filtro satírico barroco, los médicos favorecen a la muerte con sus mañas (n.ºˢ 3 y 4, de Lope y

Quevedo, respectivamente). Es curioso el humor de Góngora, que recuerda la trágica muerte de su amigo Villamediana (que alegró a muchos maridos celosos) para meterse con otro amigo de ambos, el doctor Collado (n.º 4).

La crítica de astrólogos, magos y brujos también era normal en la época, y de nuevo presenta precedentes famosos en la poesía clásica. Se les reprocha la incapacidad para predecir su propio futuro (n.º 6, de Lope), o se les culpa de intentar engañar a Dios con sus sacrificios (n.º 7, de Quevedo, en ambiente romano). Uno de estos poemas (n.º 8, de Lope) conecta la sátira a una bruja con la crítica de la hermosura caduca.

Otro de los temas satíricos recurrentes es la burla de los maridos cornudos. Góngora aprovecha uno de estos poemas (n.º 9) para criticar las costumbres cortesanas de galanteo. Quevedo, en un juego extremadamente barroco (n.º 10), nos da el discurso de un marido cornudo encantado con su situación.

A estas alturas, el lector ya se habrá hecho una idea clara del carácter misógino de la cultura de la época. Una de las costumbres más criticadas en las mujeres era su afán de pedir dinero (al que, por supuesto, se veían abocadas dada su condición social). Góngora, de nuevo arremetiendo con las costumbres de la corte, describe detalladamente tales comportamientos (n.º 11). En Quevedo el tema es obsesivo, como se ha señalado varias veces. En el poema que traemos (n.º 12), parodia el tono de los poemas de amor: «Vuela pensamiento, y diles a los ojos que más quiero, que hay dinero» (en vez de «que los amo» o algo parecido). Por si fuera poco, también se criticaba a las mujeres por su fealdad (n.ºˢ 13 y 14).

Cierra el apartado, y la antología, un inclasificable y conocido poema de Quevedo contra la grotesca nariz de un tipo (n.º 15), de clara intención antisemita.

* * *

CONTRA RICOS
VIII. 1

Q UEVEDO. Soneto. Se dirige al rico Licas. Afirma que, pese a su mucha riqueza, la cual demuestra con su toga teñida ostentosamente (como *harta* de estarlo) con el tinte púrpura *tirio* (es decir, el valiosísimo que se realizaba en época romana en la Tiro fenicia a partir de ciertos moluscos), o bañada en oro, y por eso como rígida *(rigente)* y pálida..., que este Licas, pues, pese a su riqueza, no acaba con sus remordimientos *(martirio)* [estr. 1.ª]. Asegura que tal desdicha le hace vivir con angustia (como en un *delirio*) su felicidad lograda con delitos, aunque por temor *(horror oscuro)* pretenda negárselos a sí mismo y asegurarse que vive en el esplendor. Compara luego esos remordimientos de la conciencia de Licas con una serpiente venenosa que se hallara oculta entre las flores [estr. 2.ª]. Se burla de que su palacio, repleto de oro, intente competir en lujo al cielo de Júpiter (*Jove,* dios de dioses romano), repleto de estrellas, y le recuerda que vivir es ir muriendo (por lo que debería preparase) [estr. 3.ª]. Concluye afirmando que, para quien sabe juzgar a Licas (sin fijarse en su riqueza), es despreciable [estr. 4.ª].

ABUNDOSO Y FELIZ LICAS EN SU PALACIO, SÓLO ÉL ES DESPRECIABLE

Harta la toga del veneno tirio[157],
o ya en el oro pálida y rigente,
cubre con los tesoros del Oriente,
mas no descansa, ¡oh Licas!, tu martirio.

5   Padeces un magnífico delirio
cuando felicidad tan delincuente
tu horror oscuro en esplendor te miente,
víbora en rosicler[158], áspid en lirio.

Competir su palacio a Jove quieres,
10   pues miente el oro estrellas a su modo
en el que vives sin saber que mueres.

Y en tantas glorias, tú, señor de todo,
para quien sabe examinarte, eres
lo solamente vil, el asco, el lodo.

CONTRA MÉDICOS
VIII. 2

*G*ÓNGORA. Letrilla. Desprecia al médico, pero no a la salud [estribillo]. Comenta la costumbre de diagnosticar las enfermedades (entonces *con rigor*) o la salud *(con clemencia)* por la observación de la orina (costumbre que convertía a la loza o *vidrio del orinal* en el *espejo* en el que uno

---

[157] *veneno tirio:* la púrpura, tinte fétido; dañino (como la ambición) para quien lo ansiara en su ropa como símbolo de poder.
[158] *en rosicler:* escondida en algún lugar donde abunde ese color (rosa claro); por ejemplo, en un rosal, o quizá entre la hierba iluminada por el tono rosicler de la aurora.

podía observar el estado de su *salud*), puesto que se concebían la enfermedad y la salud como un predominio de algún *humor* o fluido (que se consideraban viciosos o dañinos unos y virtuosos o benignos otros) [estr. 1.ª]. También describe la otra costumbre de diagnosticar observando el color del rostro (que se convierte entonces en *ventana* de la *salud*), diagnóstico fiable excepto cuando se ve el rostro de buen color de las prostitutas (remeras forzadas o galeotas de la galera del Amor), que esconde enfermedades (quizá se refiere a las venéreas) del mismo modo que lo hace una manzana con buen color *(arrebolada)* y podrida por dentro [estr. 2.ª]. Se refiere luego a los libros que publican los médicos, tan pesados como fardos o *balas* de papel, cuyas teorías provocan la muerte de muchos pacientes, como si fueran *balas* de un fusil de la época *(arcabuz)*, y afirma que él no hace ningún caso de ellos, pues prefiere vivir bien y darse al vino [estr. 3.ª]. Concluye alabando la costumbre castellana de beber vino (como hablando con él en secreto: *puridad*), del que se hace en el pueblo de Alahejos (por tanto, *vecino* de allí), o en el de San Martín (nombre también de un santo que partió su capa para compartirla con un vagabundo bajo el que se escondía Dios), pero siempre sin aguar el vino (puesto que el santo, sin capa, necesita todo el calor del vino puro) [estr. 4.ª].

> *Buena orina y buen color,*
> *y tres higas*[159] *al Doctor.*

    Cierto Doctor medio almud[160]
    llamar solía, y no mal,
5 al vidrio del orinal

---

[159] *higa:* gesto ancestral que en la época se hacía para ahuyentar el mal de ojo, o como desprecio, con el puño cerrado y dejando sobresalir el pulgar por entre el índice y el corazón. También, amuleto con un puño en ese gesto.

[160] *almud:* medida agraria (palabra de origen árabe). Aquí parece usarse con el sentido de «morisco» (vulgar y despectivamente se suele utilizar, para llamar a los que hablan un idioma extraño, una palabra de su lenguaje, o que lo remede).

espejo de la salud;
porque el vicio o la virtud
del humor que predomina
nos le demuestra la orina
10 con clemencia o con rigor.
Buena orina y buen color,
y tres higas al Doctor.

La sanidad cosa es llana[161]
que de la color se toma,
15 porque la salud se asoma
al rostro como a ventana;
si no es[162] alguna manzana
arrebolada y podrida,
como cierta fementida
20 galeota del Amor.
Buena orina y buen color,
y tres higas al Doctor.

Balas de papel escritas
sacan médicos a luz,
25 que son balas de arcabuz
para vidas infinitas;
plumas doctas y eruditas
gasten, que de mí sabrán
que es mi aforismo el refrán:
30 vivir bien, beber mejor.
Buena orina y buen color,
y tres higas al Doctor.

¡Oh bien haya la bondad
de los Castellanos viejos,
35 que al vecino de Alahejos

---

[161] *llana:* en el sentido de fácilmente diagnosticable.
[162] Se refiere al rostro.

hablan siempre en puridad,
y al Santo que la mitad
partió con Dios de su manto
no echan agua, porque el santo
40   sin capa no habrá calor!
Buena orina y buen color,
y tres higas al Doctor.

VIII. 3

L OPE. Redondillas. Habla el médico Erástenes, muerto,
dirigiéndose a la propia muerte (los médicos de la
época, y en general los humanistas, tenían la costumbre
de firmar sus obras latinas traduciendo sus nombres al latín o al
griego). Se queja de la falta de atención y comprensión que
recibió su ciencia, en vida, y reconoce haber acabado con sus
pacientes sin recibir castigo [estr. 1.ª]. Y reprocha a la muerte
no haberle perdonado pese a su colaboración (al acabar con
numerosos pacientes) [estr. 2.ª].

DE ERÁSTENES, MÉDICO

Enseñé, no me escucharon;
escribí, no me leyeron;
curé mal, no me entendieron;
maté, no me castigaron.

5   Ya con morir satisfice;
¡oh Muerte!, quiero quejarme;
bien pudieras perdonarme
por servicios que te hice.

VIII. 4

Q UEVEDO. Cuartetos. Habla la muerte. Describe el
cuerpo muerto (*yermo*, deshabitado del alma) e inci-
nerado que está enterrando, recordando que en vida
fue el de un médico, por lo que le dio a ella riqueza (los
sufridos pacientes con que acabó como si fuera *cuchillo de natu-
ra,* naturaleza) [estr. 1.ª]. Mientras cierra la tumba, asegura que
ha aprendido de sus artes para matarlo [estr. 2.ª].

A UN MÉDICO

Yacen de un home[163] en esta piedra dura
el cuerpo yermo y las cenizas frías.
Médico fue, cuchillo de natura,
causa de todas las riquezas mías.

5   Y agora cierro en honda sepultura
los miembros que rigió por largos días,
y aun con ser Muerte yo, no se la diera,
si de él para matarle no aprendiera.

VIII. 5

G ÓNGORA. Octava real. Evoca la muerte del conde de
Villamediana, preguntándose por el tipo de arma con
que lo atravesaron: con una *partesana* (lanza parecida a
la alabarda), de la cual le habrían clavado la mitad; con un
alfanje (sable de hoja curva), que sería, de tan curvo, traidor
(*tuerto,* torcido) o con la espada *Durindana* (la temible con la

---

163 *home:* hombre.

que Ariosto armó al protagonista de su novela de caballerías
Orlando furioso) [v. 5]. Afirma que tales suposiciones parece-
rían ciertas por lo horrible de la herida que recibió Villamedia-
na (causó asombro en la época: al parecer atravesaba el costado
desde el lado izquierdo y llegaba a alcanzar el brazo derecho), de
nos ser por haberse conocido que el instrumento fue en realidad
un doctor Collado (médico amigo de Góngora y Villamediana
con el que, con curioso humor, bromea el poeta) [v. 8].

TOMANDO OCASIÓN DE LA MUERTE
DEL CONDE DE VILLAMEDIANA,
SE BURLA DEL DOCTOR COLLADO,
MÉDICO AMIGO SUYO

> Mataron al señor Villamediana.
> Dúdase con cuál arma fuese muerto:
> quién dice que fue media partesana;
> quién alfanje, de puro corvo tuerto;
> 5 quién el golpe atribuye a Durindana;
> y en lo horrible tuviéralo por cierto,
> a no haber un alcalde averiguado
> que le dieron con un doctor Collado.

CONTRA MAGOS Y
BEATOS INTERESADOS
VIII. 6

*L*OPE. Redondillas. Inscripción en una tumba. Se burla
de la ignorancia que tenía el astrólogo enterrado allí
ante su destino (morir de coz de su propia mula), pese a
lo cual pretendía adivinar el futuro de los demás.

DE ANTÍMACO, ASTRÓLOGO

Yace un astrólogo aquí
que a todos pronosticaba,
y que jamás acertaba
a pronosticarse a sí.

5   De una coz y mil molestias
le mató una mula un día:
que entiende la astrología
al cielo, mas no a las bestias.

VIII, 7

QUEVEDO. Soneto. Se dirige a un rico comerciante romano que prodiga los sacrificios. Describe cómo los hace (con magníficos toros) intentando halagar al dios para que le favorezca en el desarrollo de los sucesos (de *los hados,* nombre de las divinidades que regían el destino de los hombres y los dioses; aquí se usa con el sentido de «sucesos futuros») [estr. 1.ª]: para que propicie sus vicios y otorgue vientos favorables y olas suaves *(onda lisonjera)* para las naves con que comercia, aunque, afirma, en realidad merece tormentas *(precipicios)* del mar *(golfo,* en el sentido de amplia extensión de mar) [estr. 2.ª]. Asegura que, aunque sea tan rico, con sus sacrificios sólo consigue engañar a su propia ambición, y no a Júpiter (dios de dioses en la religión romana), quien (para dificultar el acceso al oro) puso montañas encima de él (de las vetas en que se encuentra) [estr. 3.ª], y recuerda que, mientras el rico mira las entrañas del animal sacrificado (uno de los métodos más usados por los arúspices o adivinos romanos para conocer ciertas cosas del futuro; por ejemplo, si se presentaba propicio o adverso), Dios mira en las suyas (es decir, conoce su religiosidad interesada) [estr. 4.ª].

BURLA DE QUIENES QUIEREN
GRANJEAR DEL CIELO PRETENSIONES
INJUSTAS

Para comprar los hados más propicios,
como si la deidad vendible fuera,
con el toro mejor de la ribera
ofreces cautelosos sacrificios.

5   Pides felicidades a tus vicios;
para tu nave rica y usurera,
viento tasado y onda lisonjera,
mereciéndole al golfo precipicios.

Porque exceda a la cuenta tu tesoro,
10 a tu ambición, no a Júpiter, engañas;
que él cargó las montañas sobre el oro.

Y cuando l'ara[164] en sangre humosa bañas,
tú miras las entrañas de tu toro,
y Dios está mirando tus entrañas.

VIII. 8

L OPE. Redondillas. Inscripción en una tumba. Comenta
que la hechicera enterrada murió, de vieja, al no tener ya
carne con la que transmitir el calor de sus hechizos, con
los cuales hubiera podido evitar la propia muerte *(trocar su
rigor)*.

---

[164] *l'ara:* «la ara», es decir, el ara, piedra sobre la que se hacían los
sacrificios.

DE JULIA, HECHICERA FAMOSA

Sepulta esta losa helada
una mujer que pudiera,
como la nieve lo fuera,
dejar la nieve abrasada:

5   que si a la muerte el rigor
no trocó, siendo mujer,
fue porque no pudo ser
sin carne imprimir calor.

CONTRA CORNUDOS
VIII. 9

*G*ÓNGORA. Letrilla. Se dirige a un supuesto amigo llamado Gil. Utiliza, para transmitir la imagen del cornudo, vocabulario o expresiones relacionadas con la palabra «cuerno»; por su sonido: *al*corno*que*, corn*ejas*; o por su significado: *novillo, cuclillo* (pájaro que pone sus huevos en nido ajeno), *frente enramada* (como las de los ciervos), el *armazón* (de la cabeza, como un castillo con sus almenas), *venado* (por sus cuernos), *vino de Toro*.

Le advierte que no vaya a la fiesta madrileña del Sotillo (ver la descripción en introducción), y que si, pese a todo, va, tenga cuidado, ante el peligro de que su dama le ponga los cuernos.

> *No vayas, Gil, al Sotillo,*
> *que yo sé*
> *quien novio al Sotillo fue,*
> *que volvió después novillo.*

5   Gil, si es que al Sotillo vas,
mucho en la jornada pierdes;
verás sus álamos verdes,
y alcornoque volverás;
allá en el Sotillo oirás
10 de algún ruiseñor las quejas[165],
yo en tu casa a las cornejas,
y ya tal vez al cuclillo.
No vayas, Gil, al Sotillo,
que yo sé
15 *quien novio al Sotillo fue,*
que volvió después novillo.

Al sotillo floreciente
no vayas, Gil, sin temores,
pues mientras miras sus flores,
20 te enraman toda la frente;
hasta el agua transparente
te dirá tu perdición,
viendo en ella[166] tu armazón,
que es más que la de un castillo.
25 *No vayas, Gil, al Sotillo,*
que yo sé
quien novio al Sotillo fue,
que volvió después novillo.

Mas si vas determinado,
30 y allá te piensas holgar,
procura no merendar
desto[167] que llaman venado;
de aquel vino celebrado

---

[165] *quejas:* el canto del ruiseñor, que se considera lastimero poéticamente.
[166] Es decir, al mirar tu reflejo en el agua.
[167] *desto:* de esto.

de Toro no has de beber,
35 por no dar en qué entender
al uno y otro corrillo.
No vayas, Gil, al Sotillo,
que yo sé
quien novio al Sotillo fue,
40 *que volvió después novillo.*

VIII, 10

QUEVEDO. Soneto. Habla un casado. Se dirige a don Jerónimo, el amante de su esposa Ginesa. Le asegura que, mientras él cree ponerle los cuernos, en realidad le da riqueza (a través de los regalos que da a su esposa a cambio de sus favores amorosos): comida para su mesa [estr. 1.ª], alfombras *(tapices)* para cubrir el suelo de la casa en invierno (cuando acaba el mes de *otubre,* octubre), dinero que hace pesada su bolsa y no su cabeza *(testa);* y todo ello pese a los cuernos (por los que, como si fueran los retorcidos de las cabras, parece tener el pelo «rizado»), hechos como con molde de oro (del oro que en realidad recibe) [estr. 2.ª]. Argumenta (parodiando los razonamientos judiciales), que mientras el tal Jerónimo cree ponerle cuernos, en realidad él desnuda (empobrece) a Jerónimo [estr. 3.ª], y concluye que es más cornudo Jerónimo que él mismo por pagarle los favores (que además no quiere: *a mí me sobra*) de su esposa [estr. 4.ª].

UN CASADO SE RÍE DEL ADÚLTERO
QUE LE PAGA EL GOZAR CON SUSTO
LO QUE A ÉL LE SOBRA

Dícenme, don Jerónimo, que dices
que me pones los cuernos con Ginesa;
yo digo que me pones casa y mesa;
y en la mesa, capones y perdices.

5 Yo hallo que me pones los tapices
cuando el calor por el otubre cesa,
por ti mi bolsa, no mi testa, pesa,
aunque con molde de oro me la rices.

Este argumento es fuerte y es agudo:
10 tú imaginas ponerme cuernos; de obra,
yo, porque lo imaginas, te desnudo.

Más cuerno es el que paga que el que cobra;
ergo[168], aquél que me paga, es el cornudo,
lo que de mi mujer a mí me sobra.

CONTRA DAMAS QUE PIDEN
VIII. 11

GÓNGORA. Letrilla. Se niega a dejarse engañar por las
artimañas de las mujeres de la corte para conseguir
dinero, afirmando que, como nacido en el barrio cor-
dobés llamado el Potro, conoce todas las tretas picarescas [estri-
billo]. Renuncia a acompañarlas de la mano si a cambio tiene
que comprar para ellas telas importadas de Milán (en tiendas

---

[168] *ergo:* por tanto, luego...

llamadas del *milanés*) o elaboradas en Toledo [estr. 1.ª]; se
niega a contemplar sus bellos ojos del color del cielo (y que
recibieron gratis, como don del cielo: *dados*) a cambio de dine-
ro *(ducados)* [estr. 2.ª]. Les reprocha que rechacen cualquier
mensaje amoroso escrito en un papelito o *billete* y sólo acepten
el *billete* que lleva el sello o *cuño real* (es decir, que tiene valor
como dinero) [estr. 3.ª], o que respondan como con disparos
del mayor cañón de una nave (el *de crujía*) a la insistencia
(porfía) con que demanda su amor [estr. 4.ª]. No acepta con-
vertirse en fraile para estar cerca de las que se ordenan monjas,
puesto que éstas son frecuentadas como la tienda de un merca-
der o la *casa de aprobación* [estr. 5.ª]. Critica a algunas viejas el
que se comporten como prostitutas (*pellejas,* palabra que tam-
bién significa *garras*) y que se abriguen *(aforran)* con garras
(para agarrar cuanto dinero puedan), y les pide que vayan a por
barras (de oro) a Perú [estr. 6.ª]. No se alegra del mirar dulce
de ciertas damas, puesto que pretenden cobrar por él intereses
en dinero (mil maravedises por cada *veinte mil,* como hacían los
prestamistas), cuando él siempre ha pagado intereses de poca
cuantía (interés *al quitar:* los que se pagaban por la posesión de
ciertos bienes, que podían ser así, *al quitar,* es decir, restando el
dinero de una cifra hasta que se llegara a satisfacer, o *permanen-*
tes) [estr. 7.ª]. Concluye afirmando que, pues presumen de
enamorar a muchos nobles, que velan por ellas y las rondan
bajo su ventana (permaneciendo al *sereno*), se niega a oler (en la
piel de ellas) el olor de tantos otros [estr. 8.ª].

> Si las damas de la Corte
> quieren por dar una mano
> dos piezas del toledano
> y del milanés un corte,
> 5   mientras no dan otro corte,
> *busquen otro,*
> *que yo soy nacido en el Potro.*
>
>   Si por unos ojos bellos
> que se los dio el cielo dados,

10 quieren ellas más ducados
que tienen pestañas ellos,
alquilen quien quiera vellos
y busquen otro,
que yo soy nacido en el Potro.

15 Si un billete cada cual
no hay tomallo ni leello[169],
mientras no le ven por sello
llevar el cuño Real,
damas de condición tal,
20 *buscad otro,*
que yo soy nacido en el Potro.

  Si a mi demanda y porfía,
mostrándose muy honestas,
dan más recias las respuestas
25 que cañones de crujía,
para tanta artillería
busquen otro,
que yo soy nacido en el Potro.

  [Si la que en la religión
30 entra, dicen que ha de ser
la tienda del mercader
la casa de aprobación,
non quiero ser fraile, non;
busquen otro,
35 *que yo soy nacido en el Potro.*]

  Si algunas damas bizarras
(no las quiero decir viejas)
gastan el tiempo en pellejas,
y ellas se aforran en garras,

---

[169] *leello:* leerlo.

40   vayan al Perú por barras,
y busquen otro,
que yo soy nacido en el Potro.

Si la del dulce mirar
ha de ser con presunción
45   que ha de acudir a razón
de a veinte mil el millar,
pues fue el mío de al quitar,
busquen otro,
que yo soy nacido en el Potro.

50   Si se precian por lo menos
de que Duques las recuestan,
y a Marqueses sueños cuestan,
y a Condes muchos serenos,
a servidores tan llenos
55   *huélalos otro,*
que yo soy nacido en el Potro.

VIII. 12

QUEVEDO. Letrilla. Se dirige a su pensamiento para que hable con su amada, a la que considera interesada en su dinero. Le pide que vuele hasta donde se halla su amada y le cuente que hay dinero [estribillo]. Insiste en que lleve a su amada la noticia, pero nada de dinero *(talego),* puesto que los deseos de ahorrar y de tener le producen más placer que el de amar (es decir, han cambiado de dirección el camino o *carril* que lleva al placer) [estr. 1.ª]. Le pide que hable con los seductores ojos de la amada, diciéndoles al mirarlos *(mirallos)* que no quiere dar los dineros *(dallos)* porque prefiere guardarlos *(cerrallos:* cerrarlos) él solo, y se excusa alegando que no son para repartirlos entre dos (como hizo Dios al dar a Moisés sus diez mandamientos repartidos en dos tablas), sino para ponerlos en bolsas de cuero basto (*talegos cerriles;* juega con la idea de «talegos cerrados») [estr. 2.ª]. Llama *esponja* a la dama (aludiendo a la forma en que absorbe el dinero) y se lamenta de quien decida darle algo, advirtiendo al tiempo a su pensamiento para que, aunque ella lo amenace, se mantenga firme como una roca (como la peña de *Martos,* en Jaén, desde la que el rey Fernando IV mandó despeñar a los hermanos Carvajales, que defendieron firmemente su inocencia), y cuide de que los dedos de la dama (que buscan apresar el dinero, como los *alguaciles* a los delincuentes) no lo destrocen (*hacer cuartos;* alude en juego de palabras a la moneda llamada cuarto) [estr. 3.ª].

LETRILLA SATÍRICA

Vuela, pensamiento, y diles
a los ojos que más quiero
que hay dinero.

Del dinero que pidió
5 a la que adorando estás,
las nuevas la llevarás,
pero los talegos no.
Di que doy en no dar yo,
pues para hallar el placer,
10 el ahorrar y el tener
han mudado los carriles.
Vuela, pensamiento, y diles
a los ojos que más quiero
que hay dinero.

15   A los ojos, que en mirallos
la libertad perderás,
que hay dineros les dirás,
pero no gana de dallos.

Yo solo pienso cerrallos,
20 que no son la ley de Dios,
que se han de encerrar en dos,
sino en talegos cerriles.
Vuela, pensamiento, y diles
a los ojos que más quiero
25 *que hay dinero.*

Si con agrado te oyere
esa esponja de la villa,
que hay dinero has de decilla,
y que ¡ay de quien le diere!
30 Si ajusticiar te quisiere,
está firme como Martos;
no te dejes hacer cuartos
de sus dedos alguaciles.
Vuela, pensamiento, y diles
a los ojos que más quiero
35 *que hay dinero.*

CONTRA LA FEALDAD
VIII. 13

Q UEVEDO. Soneto. Se dirige a una mujer vieja y fea. Se
asombra de que sea ella la que se espante al ver un
ratón y no el ratón al verla a ella, por su semejanza a
los ratones en falta de higiene y uso de trampas [estr. 1.ª].
Afirma que, puesto que huye del ratón, es semejante a un
queso, y en efecto compara la presencia de su cuerpo arrugado
con la de la corteza (*por de fuera:* por fuera) de un queso añejo
[estr. 2.ª]. Se pregunta, con la intención de asustarla aún más
(*por si ansí tu espanto abones*), si los ratones comerán del mucho

cosmético *(solimán)* que esconde con cuidado *(atenta guarda)* como si fuera valioso, pero que luego amontona sobre su cara (para disimular su fealdad) [estr. 3.ª]. Concluye riéndose de que en su huida salte hasta las ramas que cubren las tapias *(bardas)* [estr. 4.ª].

A UNA FEA Y ESPANTADIZA DE RATONES

¿Lo que al ratón tocaba, si te viera,
haces con el ratón, cuando, espantada,
huyes y gritas, siendo, bien mirada,
en limpieza y en trampas ratonera?

5   Juzgara, quien huyendo de él te viera,
eras de queso añejo fabricada;
y con razón, que estás tan arrugada,
que pareces al queso por de fuera.

¿Quién pensó (por si ansí tu espanto abones)
10 que coman solimán, que, atenta, guardas
el que en tu cara juntas a montones?

¿Saltar huyendo quieres aun las bardas,
cuando en roer no piensan los ratones
tu tez de lana sucia de las cardas?

VIII. 14

L OPE (como Licenciado Tomé Burguillos). Soneto. Se dirige a un cochero, al que llama auriga (el que dirigía un carro de guerra), *cochero infernal* (aludiendo a *Caronte,* el barquero mitológico encargado de conducir las almas al infierno, al que más tarde nombra), *Faetón de trasgos* o duendes

malignos (Faetón era el hijo de Febo, que decidió guiar el carro
del sol que conduce su padre y, saliéndose del camino, quemó
unas regiones de la tierra y dejó que otras se helaran) y *leonero*.
En cuanto a las feas pasajeras que lleva, las compara con *suegras,
serpientes* o *sierpes*, y *basiliscos* (animales mitológicos que lanza-
ban fuego por los ojos), *tarascas* (mujer fea, y también figura de
serpiente que se sacaba en las procesiones del Corpus), *muertes,
cocos, tigres, parcas* (deidades infernales que hilan y cortan a su
antojo la vida de los hombres).

Pregunta al barquero adónde lleva a las varias damas (*cáfila:*
cuadrilla de viajeros), y en qué lugar infernal (*Scitia:* Escitia,
región del noroeste de Asia y noreste de Europa, habitada por
los temidos guerreros escitas) las recogió [estr. 1.ª]. Sólo imagi-
na posible que las lleve obligado por alguna desgracia o necesi-
dad *(imperio),* o por dinero [estr. 2.ª]. Le pide que pare y no
las lleve al *soto* (al campo de las afueras) [estr. 3.ª], y le aconseja
que las lleve a Inglaterra *(las Islas)* o a la ciudad holandesa de
Ámsterdam, para dejarlas deshabitadas (durante todo el siglo
XVII España mantuvo numerosas y caras guerras con Inglaterra
y con Holanda) [estr. 4.ª].

A UN COCHE DE DAMAS FEAS
QUE IBAN AL SOTO; Y HABLA
CON EL COCHERO,
POR NO HABLAR CON ELLAS

¿Adónde llevas, infernal cochero,
esa de suegras cáfila enemiga?
¿De qué Scitia cargaste, infame auriga,
tanta serpiente y basilisco fiero?

5   Si desgracia, si imperio, si dinero,
Faetón de trasgos, a llevar te obliga
tanta fiera cruel, que Amor maldiga,
no eres cochero ya, sino leonero.

Para, Caronte de infernales barcas,
10 y no lleves al soto ni a las huertas,
tarascas, muertes, cocos, tigres, parcas.

Que si en ir a las Islas te conciertas,
y en Amsterdam de Holanda desembarcas,
con tales sierpes quedarán desiertas.

VIII. 15

QUEVEDO. Soneto. Describe de diversos modos a un hombre, a partir del tamaño enorme de su nariz, comparándolo, entre otras cosas, por el aspecto general del conjunto hombre-nariz, con una *alquitara* (o alambique, por lo largo y retorcido de los conductos de estos aparatos), con un pez *(peje) espada* [estr. 1.ª]. Llama a su nariz verdugo *(sayón)* y *escriba* (aludiendo a las narices de los judíos, de las que tópicamente se dice que son aguileñas y grandes; los cristianos consideraban a los judíos verdugos, acusándolos de haberlo sido de Cristo). Relaciona al conjunto hombre-nariz con el poeta latino *Ovidio Nasón* (sólo por su nombre) [estr. 2.ª]. Compara la nariz con la punta de la proa de las galeras *(espolón),* con una *pirámide* de Egipto *(Egito),* y hasta con las *doce tribus* que formaban el pueblo de Israel (aludiendo de nuevo a los judíos, en gran número) [estr. 3.ª]. Utiliza para nombrar la nariz las palabras *frisón* (de «friso», parte de una cornisa), *caratulera* (por ser la nariz parecida a las enormes de algunas máscaras o carátulas), y lo compara con un *sabañón* (hinchazón ulcerosa de la piel causada por frío) [estr. 4.ª].

Érase un hombre a una nariz pegado,
Érase una nariz superlativa,
Érase una alquitara medio viva,
Érase un peje espada mal barbado.

5 Érase un reloj de sol mal encarado,
Érase un elefante boca arriba
Érase una nariz sayón y escriba,
Un Ovidio Nasón mal narigado.

Érase el espolón de una galera,
10 Érase una pirámide de Egito,
Las doce tribus de narices era;

Érase un naricísimo infinito,
Frisón archinariz, caratulera,
Sabañón garrafal, morado y frito.

TEXTO COMENTADO

Lope de Vega, «A una calavera», en **Rimas huma-nas,** Madrid, 1614 (edición de J. M. Blecua en Vega, Lope de, **Obras poéticas,** Barcelona, Plane-ta, 1989).

A UNA CALAVERA

Esta cabeza, cuando viva, tuvo
sobre la arquitectura destos huesos
carne y cabellos, por quien[1] fueron presos
los ojos que, mirándola, detuvo.

5   Aquí, la rosa de la boca estuvo,
marchita ya con[2] tan helados besos;
aquí los ojos de esmeralda impresos[3],
color que tantas almas entretuvo.

Aquí, la estimativa[4], en que tenía
10   el principio de todo movimiento:
aquí, de las potencias la armonía[5].

¡Oh hermosura mortal, cometa al viento!,
¿donde tan alta presunción vivía
desprecian los gusanos aposento?

---

[1] *por quien:* por los que.
[2] *con:* por.
[3] *de esmeralda impresos:* impregnados de esmeralda; es decir, verdes.
[4] *estimativa:* la facultad de valorar las cosas.
[5] *la armonía de las potencias:* la facultad de coordinar las actividades.

El soneto pertenece a las *Rimas* sacras, publicadas por Lope en 1614, año en que se ordena sacerdote. En esa mujer de la que habla el poema (cuando joven, bella y pendiente sólo del dinero, y ahora, calavera), podemos quizá encontrar ecos del romance que mantuvieron Lope y Elena Osorio, y que tanto afectó al poeta: recordemos que Elena, acuciada por su familia, dejó a Lope para ofrecer sus amores a un indiano enriquecido, lo que provocó la protesta del poeta, en versos insultantes contra la familia de la joven (en los que culpaba a la dama de anteponer el dinero al amor), que se divulgaron por la corte y que fueron causantes del destierro para su autor en 1587, veintisiete años antes de la publicación del texto. Es frecuente en Lope retomar temas enlazados con aspectos de su biografía muchos años después de sucedidos.

En este poema Lope aborda el tema de la vanidad del hombre, enlazándolo, como es costumbre, con el de la fugacidad de la vida. Es un motivo largamente recogido por la literatura (especialmente la poesía) y la pintura barroca. Fue en esta última donde el tema se convirtió en motivo iconográfico y adquirió el nombre de *Vanitas* («vanidad» en latín): muy a menudo, naturalezas muertas (es decir, cuadros con objetos en los que cualquier sugerencia de movimiento estaba explícitamente descartada), en las cuales la calavera era un elemento fundamental, que remitía al espectador a la meditación sobre la brevedad de la vida y la vanidad que suponía preocuparse por cosas tan pasajeras como la juventud, la belleza y los bienes materiales. Pronto los elementos de la *Vanitas* pasaron a adornar los retratos de religiosos o de hombres cultos sentados a su mesa de estudio, a veces con la mano sobre la calavera, mirando fijamente al espectador (hay un hermoso ejemplo de Velázquez).

En el poema, Lope parece partir de una imagen semejante: crea el discurso de un hombre mientras nos muestra con sus gestos (magníficamente sugeridos, como veremos) la calavera de una mujer que en otro tiempo fue joven, bella, desdeñosa. No olvidemos que la pintura barroca poseía en la época una influencia social elevada; mayor, sin duda, que la de la poesía. Son, por ello, varios poemas barrocos (y, entre estos, muchos de Lope) los que se centran evidentemente en temas de carácter pictórico.

Es palpable que, para evocar la belleza de la que fue joven muchacha, Lope recurre (pero con austeridad, como en rápidas pinceladas) al lenguaje tópico de la poesía amorosa petrarquista: los cabellos apresaban los ojos que la miraban (verso 3); la boca fue una rosa (verso 5); los ojos eran verdes, como impresos de esmeralda (verso 7). Es un rápido retrato de la dama idealizada en los versos del poeta italiano Petrarca, que tanto habían calado en España desde que Garcilaso y Boscán introdujeran sus maneras; pero aquí esos rasgos se nos presentan deliberadamente como vanos en su lejanía, al mostrarnos el poeta con ademanes en qué poco ha quedado tanta hermosura. Hay que tener en cuenta que son esos mismos rasgos los únicos que identifican la calavera como perteneciente a una mujer.

Otro rasgo cultural barroco destacado en los versos es el apunte de una definición del cuerpo humano como edificio, concretamente con las palabras «arquitectura» (referida a los huesos de los que es representante la calavera; verso 2) y «aposento» (referida ya sólo a la calavera, como albergue, primero, de pensamientos vanidosos y, luego, de los gusanos que se alimentaban del cadáver). Ya en la poesía sacra renacentista el cuerpo del hombre religioso era templo de Dios, y, en la amorosa, el cuerpo de la mujer era templo de Venus. Ahora, en el Barroco, el cuerpo de la mujer es un edificio soberbio. Rápidamente el lector de la época descubriría tras estas alusiones la idea del cadáver como ruina despoblada del edificio del cuerpo, que en un tiempo rebosaba vida.

Por último, hay que destacar también el modo en el que el lenguaje médico de entonces inunda la tercera estrofa: la «estimativa» (la capacidad de valorar las cosas según su precio), el «movimiento», la «armonía de las potencias» (la facultad del cerebro de coordinar cualquier actividad humana). Lope evoca así la imagen de un profesor de medicina que adorna su lección blandiendo la siniestra calavera, tal como debían de hacerlo a veces en la universidad. Y con ello carga de didacticismo y objetividad el discurso del poema; le imprime un carácter científico, un aire irrefutable que aleja toda posible duda ante sus palabras.

Y, sin embargo, pese a esa aparente objetividad en el tono del poema, hay varias cosas que lo convierten en muy subjetivo. Lo primero es el afán moralizante. Claro que este afán estaba indisociablemente asimilado a la ciencia de la época: ya la propia escena que se crea (un hombre que plantea a sus oyentes la brevedad del tiempo mostrándoles una calavera) es tremendamente moralista en sí. Pero hay más. Sabemos que esa calavera perteneció a una mujer bella y seductora, la idealizada mujer de los poemas petrarquistas. En ello comienza su pecado, pues, como afirma el verso 8, esa belleza entretuvo a muchas almas (que, deducimos, deberían haber estado preparándose para morir limpias en vez de perder el tiempo en la contemplación de la vana belleza). Pero es en la estrofa tercera en donde el discurso acusa ya descaradamente a la mujer de pecadora: al mostrarnos el hueco donde se hallaba el cerebro, el poeta nos indica que era la estimativa (la capacidad de poner precio a las cosas, dicho rápidamente) la fuerza que regía cada movimiento de aquella mujer y lograba la armonía de sus facultades. Es la mujer interesada de la que tan obsesivamente nos hablan también Quevedo y Góngora en otros poemas (no nos haría falta, en absoluto, pensar en la experiencia amorosa de Lope con Elena Osorio para encontrar el resentimiento que inunda este poema: tal concepción de la mujer es un prejuicio cultural de la época que alumbra constantemente el pensamiento, la poesía y, a veces también, las experiencias del hombre barroco). Con su tono médico, este discurso contrarresta, por si había alguna duda, la suavidad que deja en sus palabras el eco de la imagen petrarquista que evoca la juventud de la mujer. Pero ya en la creación de esa imagen hay algunos elementos discordantes: la piel blanca, cándida, del rostro de aquellas damas idealizadas se ha convertido en este poema en simple «carne» (verso 2). La carne es el elemento corporal que nombran en sus sermones los sacerdotes (y entre ellos ya el recién ordenado Lope) para oponerlo al alma, de la que no hay rastro en este austero poema.

Podemos fijarnos ya en la organización del discurso. Las tres primeras estrofas evocan machaconamente lo que hubo en lo que hay, en un acto de ironía que raya el cinismo: «Esta cabeza», comienza el primer verso, como si el orador confundiese en verdad la calavera que tiene en las manos con una cabeza viva: la palabra calavera escapa del poema, aunque aparezca, para que no haya ninguna duda, en el título. Y luego todo el discurso se enlaza hasta la cuarta estrofa por medio de la repetición del adverbio de lugar «aquí», sumamente efectiva. Ese adverbio crea un espacio de escenificación. En él se concentra, con una sobriedad exquisita, toda la fuerza dramática del poema: presupone la presencia de la calavera y al hombre mostrándola en una de sus manos; acompaña y da ritmo al movimiento figurado de la otra mano, que nos va indicando, con sus ademanes, distintos puntos concretos de la calavera: «Aquí..., aquí..., aquí...» En la primera estrofa era toda ella; ahora son el lugar donde estuvo la boca, primero (estrofa 2.ª) y después el lugar donde estuvo el cerebro (estrofa 3.ª). Lope evita utilizar un recurso muy apropiado con el tono y el tema, el llamado *Ubi sunt?* («¿dónde están?», en latín). Es el lector el que va haciéndose, al tiempo, la pregunta: ¿dónde están ahora los cabellos, la carne que recubría estos huesos?, ¿qué fue de los ojos, tan seductores?, ¿qué se hizo de aquella boca rosada? Y en esa contradicción entre todo lo que había y la nada que queda reside la fuerza del poema. Es una de esas contradicciones tan del gusto barroco, sugerida de una forma elegantísima: el tiempo ha convertido a la cabeza, que rebosaba vida, en calavera, que rebosa muerte. Ambas son lo mismo y, al tiempo, lo opuesto.

Y todo ello no hace sino preparar la conclusión de la cuarta estrofa: en los tres últimos versos se vuelca (al modo convencional de los sonetos) la sentencia, en este caso moral, del poema. Primero con una afirmación lastimera de la fragilidad de la belleza humana, comparada con una cometa: ésta es juguete de los vientos como aquélla (debemos deducir) es juguete del tiempo[6]. Y los dos últimos versos repiten la

---

[6] *cometa:* considero este sentido de la palabra por el contexto, aunque no recuerdo ningún otro ejemplo de tal uso en la época, ni lo registra *Covarrubias* (pero ya está en *Autoridades*), y sí hay varios ejemplos con el otro sentido: astro con atmósfera luminosa cuya aparición era considerada de mal agüero (véase n.° VI, 8, de Góngora). Desde luego, en la época los niños jugaban con cometas, pero no sé si en verdad las llamarían así.

idea, pero ahora por medio de una pregunta retórica, más retórica aún al ir precedida de lo que podría ser su respuesta. Lope juega, como a lo largo de todo el poema, a que el lector tenga la sensación de ser él quien va creando el discurso moral que en realidad los versos dictan.

En el poema encontramos algunas de las cualidades que han hecho de la poesía de Lope un espléndido mosaico de su época (no sólo de las costumbres, los utensilios cotidianos o el lenguaje; también de las actitudes). El poeta no duda en el momento de utilizar cuanto sea necesario (recursos tanto literarios como iconográficos) para dar efectividad y profundidad a su discurso poético, demostrando así su amplio conocimiento del bagaje cultural de que disponía el hombre culto de entonces (a quien iban dirigidos sus poemas).

Pero tras esa efectividad de su discurso no debemos ver tan sólo al Lope sacerdote y moralista. En sus mejores versos bulle su conflictiva personalidad barroca, y por eso resultan efectivos hoy: hay una tremenda abundancia de retórica y de tópicos en la conformación de este poema, empleadas sin duda con la urgencia de conmover al espectador y de llevarlo a la meditación moral, al arrepentimiento. Pero todo eso no oculta una tremenda carga de resentimiento humano ante el desamor, un quejido ante la frustración de no haber sido amado. Y la pregunta final, tan retórica y estudiada, es también un íntimo estallido de asombro ante la condición humana. Casi sin quererlo, plantea sin más lo que literalmente plantea, y deja de ser un recurso para convertirse en expresión de la frustración que provoca la felicidad no conseguida: ¿cómo es posible que esa cabeza que, impregnada de hermosura, albergaba una mente caprichosa y altanera se halle al poco tiempo convertida en una calavera de la que han huido ya hasta los gusanos? Es ese enfoque macabro (al que, como decimos, no es ajeno el resentimiento y con el que queda meditando, como perdido, el caballero que nos sermoneaba) el que permanece, con toda su fuerza original, tras la lectura moderna del poema.

PROPUESTAS
DE COMENTARIO

Traemos aquí tres de los poemas de la antología que pueden dar buen juego para la reflexión y el comentario. Cada uno de ellos va seguido de una serie de preguntas que planteamos al lector. Sus respuestas son la base del posible comentario.

Texto 1

DE UN CAMINANTE ENFERMO
QUE SE ENAMORÓ DONDE FUE HOSPEDADO

Descaminado, enfermo, peregrino
en tenebrosa noche, con pie incierto
la confusión pisando del desierto,
voces en vano dio, pasos sin tino.

5 Repetido latir, si no vecino
distincto oyó de can siempre despierto,
y en pastoral albergue mal cubierto
piedad halló, si no halló camino.

Salió el sol, y entre armiños escondida,
10 soñolienta beldad con dulce saña
salteó al no bien sano pasajero.

Pagará el hospedaje con la vida;
más le valiera errar en la montaña,
que morir de la suerte que yo muero.

(Góngora)

1. Localización

— ¿En qué otros poemas de Góngora de esta antología aparece la figura del viajero?

— ¿Qué relación tiene el texto con el género pastoril?

— ¿Qué elementos del amor cortés y de la mujer idealizada se distinguen en el poema?

— ¿A qué van asociadas las ideas de enfermedad y de muerte en el contexto?

2. Estructura, técnica y estilo

— ¿En qué estructura se ordenan las ideas del texto?

— ¿En qué momento acumula Góngora el significado poético de la peripecia del viajero?

— ¿Qué elemento predomina en el poema: el lírico o el narrativo?

— ¿Qué aporta la palabra *yo* en el contexto?

3. Comprensión

— ¿Qué elementos utiliza Góngora para evocar el ambiente de la noche?

— ¿Qué significado puede tener la imagen «con pie incierto»?

— ¿Qué valor tiene el amanecer en el poema?

4. Conclusión y valoración personal

— ¿Qué representa en el poema la figura del peregrino perdido?

Texto 2

> Saliste, Doris bella, y florecieron
> los campos secos que tus pies pisaron;
> las fuentes y las aves te cantaron,
> que por la blanca Aurora te tuvieron.
>
> 5   Cuantas cosas miraste se encendieron;
> cuantas peñas tocaste se ablandaron;
> las aguas de Pisuerga se pararon
> y aprendieron a Amar cuando te vieron.
>
> El sol dorado que tus ojos vía
> 10 dudaba si su luz o la luz dellos
> prestaba el resplandor al claro día.
>
> Venciéronle sus rayos tus cabellos,
> pues, con mirarlos solamente, ardía,
> y de envidia y de amor muere por vellos.

(Quevedo)

1. Localización

— ¿En qué lugar de España se sitúa la acción?

2. Referencias culturales

— ¿Qué elementos petrarquistas se utilizan en el poema?

— ¿Qué idea de la naturaleza transmite el poema?

— ¿Qué idea de la amada transmite el poema?

— ¿Con qué mito puede relacionarse el texto?

3. Estructura, técnica y estilo

— ¿En qué estructura se ordenan las ideas del texto?

— ¿Qué elemento predomina en el poema: el lírico o el narrativo?

4. Comprensión

— ¿Qué atributos humanos se aplican a los distintos elementos de la naturaleza?

— ¿Qué significado tienen la aurora y el sol en el poema?

— ¿Qué atributos naturales se atribuyen a la amada?

— ¿Qué elementos de la dama se utilizan para describir su belleza?

— ¿Qué sentido tienen las acciones de la amada que se narran: pisar, tocar, ver?

5. Conclusión y valoración personal

— ¿Qué significado tiene la figura de la amada en el poema?

Texto 3

AL TRIUNFO DE JUDIT

Cuelga sangriento de la cama al suelo
el hombro diestro del feroz tirano,
que opuesto al muro de Betulia en vano,
despidió contra sí rayos al cielo.

5   Revuelto con el ansia el rojo velo
del pabellón a la siniestra mano,
descubre el espectáculo inhumano
del tronco horrible, convertido en hielo.

Vertido Baco, el fuerte arnés afea
10 los vasos y la mesa derribada,
duermen las guardas, que tan mal emplea;

y sobre la muralla coronada
del pueblo de Israel, la casta hebrea
con la cabeza resplandece armada.

(Lope)

1. Localización

— ¿En dónde se sitúa la acción?

2. Referencias culturales

— ¿Qué mito sigue Lope? ¿A partir de qué texto?

— ¿En qué lugar se sitúa la acción?

— ¿Quién es el feroz tirano del que habla el poema?

— ¿Qué significado tiene el dios Baco en el poema?

3. Estructura, técnica y estilo

— ¿Qué elemento predomina en el poema: el lírico o el narrativo?

— ¿En qué estructura se ordenan las ideas del texto?

4. Comprensión

— ¿Por qué se dice del tirano que «despidió contra sí rayos al cielo»?

— ¿Existe un transcurso del tiempo a lo largo del poema?

— ¿Cuáles son los puntos espaciales en los que va fijando el poeta su atención?

— ¿A qué se refiere el poeta cuando dice que el tronco está convertido en hielo?

— ¿Qué objetos se nombran para describir el aspecto de la tienda? ¿Qué información aportan?

— Además de Judit y el tirano, ¿a qué otros personajes alude el poeta? ¿Dónde están?

— ¿Por que se llama a Judit «casta hebrea»?

5. Conclusión y valoración personal

— ¿Qué conexión tiene el poema con la imagen de la mujer en la época?

TEMAS PARA
EL DEBATE

Como hemos visto, la poesía barroca transmite, entre otras cosas, los prejuicios de la época, que, bien mirados, no son muy distintos a los de cualquier época, aunque posean un entorno peculiar y un modo característico de influir en la vida y en la obra de los hombres que los poseían. Proponemos aquí la reflexión a partir de algunos temas que pueden suscitar fácilmente el debate, cada uno de ellos en relación con uno o varios de los apartados en que se divide la antología.

El amor cortés, que pervive con ciertos matices en la época barroca, es un elemento cultural de una enorme importancia en la conformación de los sentimientos y los comportamientos del hombre y la mujer occidentales. ¿Qué relación guardan el amor y la sexualidad de nuestra cultura con la idea que transmiten los poemas barrocos? (Apartado I.)

El papel de la mujer en la sociedad barroca, frente al del hombre, puede deducirse fácilmente de los elementos misóginos que transmiten varios de los poemas. ¿En qué medida ha abandonado la mujer ese papel en la actualidad? (Apartado II.)

La idea del arte en relación con la naturaleza ha sido uno de los elementos fundamentales en la conformación de los presupuestos estéticos de cualquier época, y constituye parte fundamental de la concepción barroca del arte. ¿En qué afecta al arte (en el sentido más amplio del término) de finales del siglo XX? (Apartado III.)

El insulto, la descalificación y la propagación de rumores falsos son elementos fundamentales en las relaciones sociales y en la literatura barrocas. ¿En qué medida el periodismo actual sirve (a políticos, intelectuales y diversos profesionales) también para ejercer ese tipo de discursos. (Apartado IV.)

El desprecio de la ciudad como centro de perversión de la conducta natural del hombre es tan antiguo como la existencia misma de las ciudades. ¿Sigue siendo válido ese planteamiento en la actualidad? (Apartado V.)

La cultura de la muerte se halla enraizada en la concepción vital del pensamiento barroco. ¿Existe hoy algo parecido? ¿En qué medida los discursos que animan a «Vivir deprisa», en las expresiones actuales de la cultura popular, son herederos del discurso que incita a atrapar el tiempo en el siglo XVII? (Apartado VI.)

La religión era uno de los elementos fundamentales en la conformación de la política, la cultura, el arte y la literatura barrocas. ¿Se puede hablar actualmente de un laicismo artístico y literario? ¿En qué medida influye la religión en la cultura y la política actuales? (Apartado VII.)

La poesía satírica del siglo XVII, por un lado, pretende acabar con los comportamientos viciosos de la época; por otro, nos descubre muchos de los prejuicios sociales que conformaban el patrón ideológico de esa misma época, aceptados y enarbolados por los propios moralistas. ¿Son comparables la xenofobia, la misoginia y la misantropía de entonces con las actitudes de signo parecido que puedan darse en la actualidad? (Apartado VIII.)

LECTURAS
COMPLEMENTARIAS

El comienzo del Eclesiastés

Eclesiastés, I, 1-11; traducción de Francisco
Cantera y Manuel Iglesias, en *Sagrada Biblia,*
Madrid, BAC, 1979.

El Eclesiastés (palabra griega que significa
«predicador» y que traduce la hebrea Qohélet)
es uno de los libros bíblicos llamados «de la
sabiduría», que tópicamente se atribuyen al rey
Salomón. Se cree que fue escrito en Jerusalén
(Palestina) durante el siglo III a. C.

El Eclesiastés es verdaderamente un libro
anómalo dentro de la literatura del Antiguo
Testamento; destila un hondo pesimismo vital
que ha sido recogido, sin duda, por el arte y la
literatura de muchas épocas. En esencia, el li-
bro aborda en tono de lamentación la vanidad
de la vida: la vanidad de buscar placeres, la
vanidad de buscar la sabiduría o contentarse
con la necedad, la vanidad del esfuerzo y del
trabajo humanos. También encontraremos en
él una visión monótona y cíclica de la naturale-
za, la sensación del hastío de la repetición, la
afirmación tajante de que cualquier novedad es
imposible.

«Vanidad de vanidades, todo es vanidad.»
Esta frase, que se repite a lo largo del sermón,
pasó pronto a resumir el discurso del Eclesias-

tés y a ser aducida ante cualquier actitud que
se considerara producto de la ambición huma-
na. Y la palabra *Vanitas* («vanidad» en latín),
vino a designar uno de los temas más frecuen-
tes de la pintura barroca: el reflejo del paso del
tiempo como aviso de la caducidad de la vida
humana; casi siempre, una naturaleza muerta
en la que aparecen objetos que aluden al tiem-
po: relojes de arena, flores marchitas, velas
consumiéndose y, sobre todo, la calavera, que
adorna durante el Renacimiento y el Barroco
las mesas de los hombres doctos. Es, por su-
puesto, un tema que recoge extensamente,
como hemos visto, la literatura, sobre todo la
poesía moral.

Reproducimos un fragmento del epílogo de
este libro, en el que se avisa a los jóvenes de la
fugacidad de su condición: la vejez y la cerca-
nía de la muerte son aquí, como en los poemas
morales barrocos (por ejemplo, algunos del
apartado «VI. La brevedad de la vida»), oscu-
ridad y tormenta

Recuerda a tu creador en los días de tu juventud,
antes de que vengan los días de la desgracia
y lleguen los años en que digas: «No tengo en ellos
[gusto»;
antes de que se oscurezcan el sol, la luz,
la luna y las estrellas,
y vuelvan las nubes, tras el aguacero;
el día en que tiemblen los guardianes de la casa, y se
[encorven los hombres fuertes,
y se paren las que muelen por ser pocas, y cesen las
[que miran por las celosías;
y se cierren las hojas de la puerta de la calle,
[debilitándose el ruido del molino;

y se calle la voz del pájaro y enmudezcan los
[gorriones.
Además, témense las alturas y los sobresaltos en
[el camino.
Y florece el almendro, la langosta hácese pesada,
[estalla la alcaparra;
pero el hombre marcha a su mansión eterna y los
[plañidores rondan por el zoco;
antes que se suelte el cordón de plata, y se rompa
[la alcuza de oro,
y se quiebre el cántaro en la fuente, y se rompa la
[rueda en la cisterna,
y torne el polvo a la tierra como era y el espíritu
[vuelva a Ha-'Elohim[7], que lo dio.
Vanidad de vanidades, decía Qohélet; todo es
[vanidad.

El *Beatus ille*

Horacio, «Epodo II»; traducción de Manuel Fernández-Galiano, en Horacio, *Odas y epodos,* Madrid, Cátedra, 1990; edición: M. Fernández-Galiano y Vicente Cristóbal.

El autor de este poema, Quinto Horacio Flaco (Venusia, 65 a. C.; Roma, 8 d. C.), quizá el poeta lírico romano de más renombre, vivió y escribió en una época de madurez y esplendor cultural y político (en torno al reinado de Augusto). Amigo de Virgilio y del tan poderoso como opulento Mecenas (quien lo protegió ampliamente), Horacio logró que muchos de sus poemas fueran el antecedente de una larga serie continuada por otros escritos en otras épocas y tierras.

---

[7] *Ha-'Elohim:* uno de los nombres bíblicos de Dios.

Aquí, Horacio aborda un tema que se convertiría después en tópico poético. Y, precisamente, ese tópico se nombra con las dos palabras latinas con que comienza el poema: *Beatus ille,* es decir: «Bendito aquél», «Feliz aquél». Es ésta una de las formas más comunes en que se nos presenta el «Menosprecio de corte y alabanza de aldea» que inunda los textos del Barroco, aunque el Beatus ille ya tenía por entonces en castellano una larga tradición, en cuyo inicio suele citarse un poema del marqués de Santillana: *La comedieta de Ponza.*

Pero hay algo en este poema que le da una singularidad y una modernidad sorprendentes. Aquí, como descubrimos en los últimos versos, el poeta juega a transmitir literalmente los pensamientos de un prestamista, Alfio, que los abandona pronto para preocuparse por su verdadera ocupación: enriquecerse con los intereses del dinero que reparte. La explícita ironía de Horacio llega en el análisis humano más a fondo de lo que lo harán sus imitadores. Lo que viene a decirnos es que son precisamente los cortesanos más interesados quienes utilizan con mayor frecuencia este tipo de discurso, que en sus bocas suena a falso; y quizá un repaso a los poetas y los prosistas que lo utilizaron en castellano (entre ellos, como hemos visto, Lope, Góngora y Quevedo) vendría a confirmar esta idea del latino. Fray Luis de León, un tremendo intrigante en las peleas universitarias en la ciudad de Salamanca —del que siempre se recuerda que fue encarcelado por la Inquisición y casi nunca las denuncias (a sus propios amigos, incluso) que él mismo presentó ante este órgano político y religioso—

hizo alguna hermosísima imitación de este tex-
to, y además lo tradujo, pero siempre olvidan-
do los versos finales.

«¡Feliz aquél que, sin negocio alguno,
    como los hombres de antaño
los campos paternos con su yunta labra
    libre de usura, al que nunca
5 despierta en las filas clarín truculento,
    quien no teme al mar airado
y el foro[8] rehúye y umbrales soberbios
    de los ciudadanos ricos,
mas los altos álamos con crecidos vástagos
10   de la vid casa[9] o contempla
en el valle oculto las errantes greyes
    mugidoras o los brotes
secos con podón[10] monda a los que injertos
    suplanten o en limpias ánforas
15 guarda la exprimida miel o las ovejas
    dóciles esquila; y, cuando
Otoño en los campos alza la cabeza
    ornada de suaves frutos,
¡qué bueno es coger inseridas[11] peras
20   y roja uva que te obsequie
a ti, Priapo, o bien al padre Silvano[12],
    el protector de las lindes!

---

[8] *foro:* lugar público (por lo general una plaza) de encuentro y dis-
cusión para los ciudadanos romanos.

[9] *casa:* une.

[10] *podón:* podadera.

[11] *inseridas:* injertadas.

[12] *Príapo:* dios griego de carácter obsceno, cuya estatua (en la que
se le representaba con el falo en erección y los aperos de jardinero) se
ponía en los jardines romanos y griegos con el fin de asegurar su
fertilidad y protegerlos de las inclemencias y de los ladrones; *Silvano:*
dios romano que protegía las lindes entre los campos; se le represen-
taba barbado, con melena, un perro a los pies y corona de pino.

Al pie de la encina vieja o por la yerba
   mullida gusta de echarse
25 mientras entre orillas altas mana el agua,
   se queja el ave en el bosque
   y el eco en las frondas del arroyo invita
   a dormitar dulcemente.
   Y, al mandar el año del tonante Jove[13]
30   invierno y lluvias y nieves,
   al jabalí acosa con grande jauría
   hacia las redes o planta
   en lisa pértiga trampas de ancha malla
   para el voraz tordo o caza
35 con lazo a la tímida liebre o peregrina
   grulla, botín placentero.
   ¿Quién no olvida en ello las preocupaciones
   que el amor consigo lleva?
   Mas, si es casta esposa quien morada y caros
40   hijos a cuidar ayuda,
   cual Sabina o cónyuge del Ápulo activo[14]
   tostada por muchos soles,
   dando al hogar sacro leña vieja porque
   él cansado va a llegar,
45 encerrando al pingüe ganado y las ubres
   retesas[15] dejando exhaustas,
   sirviendo con dulce jarra en no comprado
   festín[16] el vino de hogaño,
   nada ya el marisco lucrino me agrada

---

[13] *Jove:* Júpiter, dios de dioses romano, regidor de clima y especialmente de la tormenta.

[14] *Sabina:* mujer del pueblo sabino, al norte de Roma; la castidad de las sabinas era proverbial. *Ápulo:* pastor convertido en olivo por insultar a unas ninfas. El olivo, atribuido a Palas Atenea, es cónyuge de las castas vírgenes adoradoras de la diosa.

[15] *retesas:* tensas, repletas.

[16] *festín no comprado:* es decir, con comida adquirida por recolección, caza o pesaca, y no en el mercado.

50   ni el rodaballo ni escaro[17]
     al que haya desviado desde aguas eoas[18]
       hacia acá el trueno invernal;
     y con más placer bajara a mi vientre
       que el ave afra o fracolín
55   jónico la oliva de la mejor rama
     del árbol o la romaza
     del prado o las malvas, que al enfermo curan,
       o la cordera inmolada
     en las terminales[19] o el cabrito asado
60   con el que el lobo no pudo.
     ¡Qué gozo, entre tantos manjares, da ver
       que acuden hartas las reses
     y el buey arrastrando lánguido la reja
       invertida[20] y, rodeando
65   los lúcidos Lares[21], el servil enjambre
       nacido en la rica casa[22].»
     Y Alfio el prestamista, queriendo labriego
       ser, pensaba en el dinero,
     cómo a colocar iba en las calendas
70   lo recogido en los idus[23].

---

[17] Tanto el *marisco lucrino* como el *rodaballo* y el *escaro* (pescado del que se apreciaba especialmente el hígado) eran considerados como manjares exquisitos por los romanos.

[18] *eoas:* de Eos, la aurora: orientales.

[19] *terminales:* fiestas en honor del dios agrario Término, que indicaba las lindes entre los campos, representado con una cabeza sobre un tronco o, simplemente, con una pirámide o un tronco, al modo de mojón.

[20] *reja invertida:* arado de hierro.

[21] *Lares:* ancestrales dioses agrarios de las encrucijadas y del hogar.

[22] *servil enjambre:* los esclavos nacidos y criados en casa, y no comprados en el mercado.

[23] Es decir, cómo iba a hacer para prestar a mediados de mes *(calendas)* los beneficios recibidos el primer día de mes *(idus)*.

Un soneto de Petrarca

Petrarca, «Soneto CXXII», en *Sonetos y cancio-nes,* Madrid, Espasa-Calpe, 1988; traducción de Ángel Crespo.

He aquí un ejemplo de la poesía de Petrarca, tan influyente en el Renacimiento y el Barroco españoles. Temática amorosa, abordada desde el asombro ante las paradojas que provoca el análisis del sentimiento: bondad y aspereza, dulce tormento, arder por gusto, viva muerte, deleitoso mal, temblar en verano y arder en invierno. El símil de la nave sin gobierno (para definir la falta de control que el poeta tiene sobre sus sentimientos), de procedencia clásica, también caló en la poesía española. Compárese el texto, por ejemplo, con los poemas de los apartados «I. Amor tirano» y «II. La amada».

SONETO CXXII

Si no es amor, ¿qué es esto que yo siento?
Mas si es amor, por Dios, ¿qué cosa y cuál?
Si es buena, ¿por qué es áspera y mortal?
Si mala, ¿por qué es dulce su tormento?

5 Si ardo por gusto, ¿por qué me lamento?
Si a mi pesar, ¿qué vale un llanto tal?
Oh viva muerte, oh deleitoso mal,
¿por qué puedes en mí, si no consiento?

Y si consiento, error es quejarme.
10 Entre contrarios vientos va mi nave
—que en alta mar me encuentro sin gobierno—

tan leve de saber, de error tan grave,
que no sé lo que quiero aconsejarme
y, si tiemblo en verano, ardo en invierno.

El peregrino en el 27

Guillén, Jorge, «El descaminado», en ...*Que van a dar a la mar,* Buenos Aires, Sudamericana, 1960.

La exaltación de Góngora fue una constante en la poesía de la generación del 27 (que, no lo olvidemos, debe su nombre a las dos últimas cifras de la fecha de muerte del poeta cordobés). Ellos rescataron del olvido (cuando no del desprecio) la poética y los versos gongorinos, pues encontraron en sus metáforas rebuscadas alimento para su propia necesidad de comparaciones sorprendentes. El poema de Jorge Guillén es una muestra tardía de esa influencia. El tema del peregrino descaminado fue uno de los recurrentes en Góngora, también usado por Quevedo y Lope. Guillén lo retoma aquí; cita en la tercera estrofa, casi literalmente, el primer verso de un poema gongorino (n.° I, 1: «Descaminado, enfermo, peregrino...»), indicando que la voz, la música del poema, le persigue. Resulta efectivo comparar su situación vital de alejamiento del orden (alejamiento de la luz, para pasar a la oscuridad, como habría dicho también un poeta barroco) con la que reflejaba Góngora en aquellos versos, y también puede observarse la diferencia en el motivo (amoroso en Góngora, introspectivo en Guillen).

EL DESCAMINADO

¡Si pudiese dormir! Aun me extravío
Por este insomnio que se me rebela.
No sé lo que detrás de la cancela
Me ocurre en mi interior aún más sombrío.

5   Denso, confuso y torpe, me desvío
     De lo que el alma sobre todo anhela:
     Mantener encendida esa candela
     Propia, sin cuya luz yo no soy mío.

     ¡«Descaminado enfermo»! Peregrina
10   Tras mi norma hacia un orden, tras mi polo
     De virtud va esa voz. El mal me parte.

     Quiero la luz humilde que ilumina
     Cuerpo y alma en un ser, en uno solo.
     Mi equilibrio ordinario es mi gran arte.

El paseo de Quevedo

Borges, J. L., «A un viejo poeta», en *El hacedor (Obras completas, II,* Barcelona, Emecé, 1989).

El viejo poeta del que nos habla aquí Borges no es otro que Quevedo (el verso que cierra el soneto pertenece a «Memoria inmortal de don Pedro Girón», n.° VI, 18). Vemos aquí a Quevedo en el final de su vida, tan ensimismado en la comprensión de un versículo de San Juan (a quien se atribuye tradicionalmente el Apocalipsis canónico, un texto que influyó largamente en la obra de Quevedo), que no contempla el espectáculo de la naturaleza que lo rodea: la puesta de sol y la aparición de la luna, rojiza por la luz del atardecer. Borges ofrece, en fin, dos rasgos de Quevedo: el hombre airado y triste cuyo proyecto vital ha fracasado, y, sobre todo, el literato que ha dejado de observar la naturaleza real para fijarse en otra, la que aparece en sus propios versos y en los de los autores clásicos y bíblicos; la que se entrevé en las arduas (por utilizar un adjetivo muy borgiano) metáforas barrocas.

A UN VIEJO POETA

Caminas por el campo de Castilla
Y casi no lo ves. Un intrincado
Versículo de Juan es tu cuidado
Y apenas reparaste en la amarilla

5   Puesta de sol. La vaga luz delira
Y en el confín del Este se dilata
Esa luna de escarnio y de escarlata
Que es acaso el espejo de la Ira.

Alzas los ojos y la miras. Una
10 Memoria de algo que fue tuyo empieza
Y se apaga. La pálida cabeza

Bajas y sigues caminando triste,
Sin recordar el verso que escribiste:
Y su epitafio la sangrienta luna.

ÍNDICE DE PRIMEROS VERSOS Y DE ESTRIBILLOS